西南石油大学人文社科专项资金资助项目
"成都市新型公共文化空间培育与建设研究"(2022–2023RW019)

新型公共文化空间培育与建设
——以成都市为例

唐晓睿/著

四川大学出版社

图书在版编目（CIP）数据

新型公共文化空间培育与建设：以成都市为例 / 唐晓睿著. —成都：四川大学出版社，2023.10
（城市与文明）
ISBN 978-7-5690-6403-2

Ⅰ.①新… Ⅱ.①唐… Ⅲ.①公共管理－文化工作－研究－成都 Ⅳ.①G127.711

中国国家版本馆CIP数据核字（2023）第197636号

书　　名：	新型公共文化空间培育与建设——以成都市为例
	Xinxing Gonggong Wenhua Kongjian Peiyu yu Jianshe—Yi Chengdu Shi Weili
著　　者：	唐晓睿
丛 书 名：	城市与文明

丛书策划：张宏辉　徐　凯
选题策划：梁　平　杨　果
责任编辑：李　梅
责任校对：杨　果
装帧设计：墨创文化
责任印制：王　炜

出版发行：四川大学出版社有限责任公司
　　　　　地址：成都市一环路南一段24号（610065）
　　　　　电话：（028）85408311（发行部）、85400276（总编室）
　　　　　电子邮箱：scupress@vip.163.com
　　　　　网址：https://press.scu.edu.cn
印前制作：四川胜翔数码印务设计有限公司
印刷装订：成都金阳印务有限责任公司

成品尺寸：170mm×240mm
印　　张：10.25
插　　页：1
字　　数：172千字

版　　次：2023年10月 第1版
印　　次：2023年10月 第1次印刷
定　　价：55.00元

扫码获取数字资源

本社图书如有印装质量问题，请联系发行部调换

版权所有 ❖ 侵权必究

四川大学出版社
微信公众号

序 言

城市公共文化空间的培育与建设是国家治理体系与治理能力现代化的表现。城市公共文化空间是一种具有公共性的空间，是城市居民各类文化生活实践的空间载体。这类空间包括城市各类公共文化服务设施，如图书馆、博物馆、文化馆、音乐厅、公园等；以及文化经营场所，如书店、文化产业园区等。[①] 随着城市化进程加速，城市公共文化空间的功能重叠加剧。如"网红书店"的商业化打造，使书店的功能超出了单纯的文化教育，在商品消费的底色上融合了休闲娱乐、多元社交、生活服务、文化景观等多种生活空间功能。这些情况使得城市中公共文化空间的功能、性质也不断迭代。"十四五"期间，政府多次发布相关政策，鼓励城市建设新型公共文化空间，以健全现代公共文化服务体系：

2021年3月8日，文化和旅游部、国家发展改革委等部门发布《关于推动公共文化服务高质量发展的意见》，提出创新打造一批融合图书阅读、艺术展览、文化沙龙、轻食餐饮等服务于一体的城市书房、文化驿站等新型文化业态，营造"小而美"的公共阅读与艺术空间。

2021年4月29日，文化和旅游部印发《"十四五"文化和旅游发展规划》，提出结合老旧小区和厂房改造，创新打造一批小而美的城市书房、文化驿站、文化礼堂、文化广场等城乡新型公共文化空间。

2021年6月10日，文化和旅游部印发《"十四五"公共文化服务体系建设规划》，鼓励社会力量参与，结合老旧小区、老旧厂区、城中村等改造，创新打造一批具有鲜明特色和人文品质的新型公共文化空间。

---

① 崔烁. 城市公共文化空间精细化治理：转向、维度与路径[J]. 湖北社会科学，2022（10）：31.

2021年11月3日，文化和旅游部、浙江省人民政府印发《关于高质量打造新时代文化高地　推进共同富裕示范区建设行动方案（2021—2025年）》，提出推动公共文化设施拓展服务内容、创新服务形式，打造"嵌入式"新型公共文化空间。

2021年12月1日，四川省人民政府出台的《四川省公共文化服务保障条例》正式施行，提出地方各级人民政府应当将社区公共文化设施提升改造纳入城市改造范畴，整合各类资源，引导社会力量参与公共文化设施运营、活动项目组织、服务资源配送等领域，打造具有鲜明特色和人文品质的新型公共文化空间。

……

在政府政策的大力倡导下，"十四五"期间全国各地的新型公共文化空间建设全面开花。北京出现了天空图书馆、智能城市书房、24小时城市书房等新型公共文化空间。这类空间在公共阅读的基础上叠加购物、餐饮、文创等多业态功能空间，使其逐步成为多元化的阅读公共文化空间品牌。上海市凭借雄厚的经济实力，多赛道发展新型公共文化空间，打造了金桥碧云美术馆、徐汇滨江岸线的"水岸汇"和天顶露台花园等覆盖各年龄层民众、涵盖多种生活功能的公共文化空间。

成都市人民政府于2021年3月发布的《成都市国民经济和社会发展第十四个五年规划和二〇三五年远景目标纲要》提出，着力提升城市发展软实力，塑造天府文化独特魅力。2021年12月1日施行的《四川省公共文化服务保障条例》也鼓励在城市中心、商业街区、楼宇商圈、社区街道、文博场馆、机场、车站、码头、高速公路服务区、景区景点等区域创新打造一批融合图书阅读、艺术展览、文化沙龙、休闲轻食等服务于一体的新型公共文化空间。目前，在实践中成都还未形成一批具有较高品牌效应、完成度高的城市公共文化空间。如何在公共文化空间建设上突出"成都特色"——不仅是在视觉符号上展示成都特点，更要在了解成都已有公共文化的基础上，从市民的生活实际出发，将成都的城市精神内涵融入其中。要建设有"成都特色"的公共文化空间，要在理论上探讨新型公共文化空间建设理论，在此基础上提炼出具有"当地特色""民族精神""国际格局"的成都新型公共文化空间内涵，这将有助于解决成都公共文化服务高质量发展需要、城市公共文化空间建设现实困境和人民群众多样化的精神文化需求之间的矛盾。

从全国范围来看，目前国内对新型公共文化空间建设的研究仍存在一些有待改进的地方：

其一，重"西"轻"中"。目前，国内公共文化空间研究理论本土化程度较低，区域性研究成果不足，相关案例常以国外公共空间建设为主，在理论建构上缺少对中式审美风格的提炼与总结。

其二，重"今"轻"古"。目前的公共文化建设缺乏历史观照。对当代公共文化空间案例、现象与价值的分析离不开对中国传统公共文化空间的反思。

其三，重"城"轻"乡"。新型公共文化空间的研究应脱离"精英主义"，要将研究范围扩大至受民间艺术影响较多的乡镇公共艺术空间；其探究方向也不应局限于公共艺术对于受众、城市的影响，也应关注公共艺术与受众、区域空间文化的互动融合。

其四，重"静"轻"动"。公共文化空间的实践已经发展到新阶段，动态公共艺术与多媒体技术的结合不断为这个领域增加新文本。但对于这些新现象，相关的研究还不够。

如何在理论上突破西方公共文化空间理论的影响、提炼出有中式审美风格的公共文化空间理论，如何打造具有"成都特色"的公共文化空间，是我们仍需思考的问题。

本书意在探讨中式美学视野下成都市新型公共文化空间的培育与建设。在此宏观视野下，本书将具体分析成都市内已有公共文化空间培育新型"场景营造"空间的可能，探讨如何整合成都城市特点，打造"形神兼备""意境深远"的公共文化空间，建设有"当地特色""民族精神""国际格局"的新型公共文化空间。

本书的主要架构如下：

第一章讨论何为中式美学视野下的新型公共文化空间。在具体内容上分为三个部分：空间与公共文化空间、何为新型公共文化空间、中式美学与新型公共文化空间。本章将逐步解读新型公共文化空间是如何与中式美学中的传统文化精神相融的。本章指出，公共文化空间的实践创新主要集中在三个方面：建设场所突破人群圈层与行业壁垒，参与主体多元共存，多业态、多维度融合。

第二章分析了成都市内不同类型的公共阅读空间，探索成都市内可供培育的公共阅读场所，以及培育与建设这些公共阅读空间的原则、标准。本章首先梳理了公共阅读空间的历史发展与内涵演变，对公共阅读空间的变化做出有历史依据的阐释。其次解读了新型城市公共阅读空间实践成果的创新之处——它们不仅在物理属性上获得了延展，还打破了空间界限；在参与主体上呈现多主体共存的状态；在社会功能上，由单一功能向复合多功能转变。接着分析了新型公共文化空间理论的内涵与外延。最后，结合成都市实际情况，分析可供培育的公共阅读空间。随着人民生活水平的不断提高和科技的快速发展，阅读已成为人们普遍的文化需求，公共阅读空间建设显得尤为重要。

第三章为成都市文博艺术空间的培育与建设。研究内容主要有：成都市文博艺术空间主要展陈空间简介，成都市文博艺术空间与审美心理，成都市文博艺术空间的展陈特点。书中首先介绍了各博物馆中著名文物的展陈方式，其次总结了成都地区最具代表性的博物馆展陈空间特点，最后总结了成都文博艺术空间内图像接受和交往的总体特征，并提出合理化建议。

第四章研究成都市乡村文化空间的培育与建设。研究内容主要有：何为乡村文化空间、乡村文化空间的培育标准与建设原则、成都市乡村文化空间个案研究、成都市可供培育的乡村文化空间。乡村文化空间的发展经历了从"模仿城市"到"回归本土"的发展脉络，如何因地制宜分析乡村文化空间的内涵，找准乡村文化空间发展的核心，保持其本土特色，是本章重点讨论的问题。

第五章研究成都市跨界文化空间的培育与建设。研究内容有：何为跨界文化空间、跨界文化空间的培育标准与建设原则、成都市跨界文化空间案例、成都市可供培育的跨界文化空间。本章首先讨论了跨界文化空间内涵的演变，其次根据具体案例分析跨界文化空间的培育标准与建设原则，最后具体分析了成都东郊记忆跨界文化空间建设体系的关键点。

第六章研究成都市商圈文化空间的培育与建设。主要内容有：通过探讨商圈文化空间的概念，以及对国外成功案例的分析，总结商圈文化空间的培育标准与建设原则，从中探寻有益的经验与教训，最终为成都市可供培育的商圈文化空间建设提出建议。

由于时间仓促，本书在内容和编写上未必尽如人意，如有不当之处，尚请读者批评指正。

目 录

第一章　何为中式美学下的新型公共文化空间/01
第一节　空间与公共文化空间/03
第二节　何为新型公共文化空间/10
第三节　中式美学与新型公共文化空间/19

第二章　公共阅读空间的培育与建设/35
第一节　公共阅读空间的历史发展与内涵演变/37
第二节　新型城市公共阅读空间实践成果的创新之处/42
第三节　新型公共文化空间理论再发展/45
第四节　公共阅读空间的培育标准与建设原则/48
第五节　成都市公共阅读空间案例及模式研究/52
第六节　成都市可供培育的公共阅读空间/55

第三章　文博艺术空间的培育与建设——以成都市为例/61
第一节　文博艺术空间主要展陈空间简介/63
第二节　文博艺术空间与审美心理/67
第三节　文博艺术空间的展陈特点/81
第四节　文博艺术空间的图像转化/84
第五节　文博艺术空间图像接受和交往的总体特征/86
第六节　解决策略与建议/88

第四章 乡村文化空间的培育与建设/91

第一节 何为乡村文化空间/93

第二节 乡村文化空间的培育标准与建设原则/99

第三节 成都市乡村文化空间个案研究/102

第四节 成都市可供培育的乡村文化空间/105

第五章 成都市跨界文化空间的培育与建设/109

第一节 何为跨界文化空间/111

第二节 跨界文化空间的培育标准与建设原则/112

第三节 成都市跨界文化空间案例/113

第四节 成都市可供培育的跨界文化空间/115

第六章 商圈文化空间的培育与建设/117

第一节 何为商圈文化空间/119

第二节 商圈文化空间的培育标准与建设原则/121

第三节 知名商圈文化空间的建设启发/123

第四节 成都市可供培育的商圈文化空间/129

附 录/132

关于推动公共文化服务高质量发展的意见/132

四川省公共文化服务保障条例/139

参考文献/153

后 记/156

第〈一〉章

何为中式美学下的
新型公共文化空间

第一节　空间与公共文化空间

一、空间

人类对空间的关注由来已久。在西方，亚里士多德修正柏拉图关于空间的论述，对空间概念加以多层次的阐释。[①] 他把空间概念分为四个层次：第一层是将空间与其中的内容物分离，空间在物质载体上承载着内容物，可内容物不是依附于空间的存在而存在的。第二层空间的大小是由内容物决定的，内容物决定着空间的边界范围。第三层是内容物可以脱离既定空间。第四层可依据内容物的本质，将空间进行分解。亚里士多德的这一解释也是对德谟克利特"空间相对性"的再次阐释。这一解释虽由于时代的局限而缺乏科学性，但也是西方较早出现的对空间的理论探索。[②]

"天人合一"观念是中国古代思想家对主客体关系的思考，他们在此基础上开辟出了独有的关于"空间"的认识：这一理论并不否定空间的客观实在性，它将宇宙空间中的一切视为一个有机的整体，天、地、人都浑然统一于这个整体之中。[③] 这一解释超越了空间割裂的表象，以人的存在反映空间的存在，人的行为是对空间的注解。梁启超在《饮冰室文集》中谈及，"大抵自唐以前，南北之界最甚，唐后则渐微，盖'文学地理'常

---

① 王海荣. 空间理论视阈下当代中国城市治理研究 [D]. 长春：吉林大学，2019：78.

② 亚里士多德. 物理学 [M]. 张竹明，译. 北京：商务印书馆，1982：92—94.

③ 张南. 中国古代空间观与传统艺术的空间构型 [J]. 江西社会科学，2022，42 (3)：198.

随'政治地理'为转移……文家之韩柳,诗家之李杜,皆生于江河两域之间,思起八代之衰,成一家之言……由此言之,天行之力虽伟,而人治恒足以相胜"①。梁启超认为,影响审美的因素不仅是地理环境,更是社会文化环境,如社会政治、经济、风俗、文化等。可是,如果我们从另外一个视角——空间的视角审视这段话,会发现人文成果正印证空间的存在,韩柳之文、李杜之诗与自身时空合而为一,而时空也远非物理层面的存在。因而在东方的"空间"观内,空间是聚合的,而非分裂的。

总的来说,有关"空间"的理论探讨大体上可以分为四个维度。

(一) 物质的存在

亚里士多德的"有限空间"理论被布鲁诺推翻,后者明确地指出宇宙空间是无限的、永恒的。虽然布鲁诺的学说在当时被视作异端邪说而被加以挞伐,但其理论已在人们心里种下了种子——"空间"的阐释可能是多样的。"绝对的空间,具有有别于任何外在于它的事物的本性,这种本性是永恒的、均质的;相对的空间是绝对空间的任意尺度,它由相对于它存在的物体位置而确定。"② 在布鲁诺之后,牛顿对绝对性空间和相对性空间作了区别。从这一维度进行思考的科学家或哲人,其出发点是"以物观之"——以其观察到的"物"的现存可见状态为思考对象。

(二) 精神文化的存在

对于空间概念的阐发可以从已见状态,即"以物观之"出发,也可以"以道观之"——以未见未触状态为起点,探讨抽象思维中的空间概念。笛卡尔将空间指称为"广延",他先验地认为"灵魂可以独立于肉体而存在",因而,空间是主体所思之后的存在。③ 随后,洛克与贝克莱立足生

---

① 范军. 中国古代文论中的地理环境论——中国古代文艺生态学思想研究之一 [J]. 华中师范大学学报(哲学社会科学版), 1990 (3): 81.
② 牛顿. 自然哲学之数学原理 [M]. 赵振江, 译. 北京: 商务印书馆, 2006: 7.
③ 杨廷久. 理性的沉思——笛卡尔《形而上学的沉思》探究 [J]. 北京师范大学学报(社会科学版), 1998 (2): 106.

物学探讨空间知觉，他们认为"空间的存在就是被感知，空间不可能在心灵或感知空间的能思维的东西以外有任何的存在"。[①] 康德在《纯粹理性批判》中也谈到，感性是获得空间认知的必经之路。[②] 在这些唯心哲学家的理论之中，我们更多需要获取的不是先验阐明，而是从中得到一个关键性的启发——空间作用于主体的同时，主体也作用于空间。人的主观想象可以在虚无层面缔造不可感知的精神空间。如春节的年味、中秋的团圆、重阳的敬老，这些在实际生活空间中的氛围感知，不能通过标尺、砝码精确地丈量计算，但在代代相传的文化精神空间中，可以以人的感性认识为基础，形成的关于事物"不可直观"的观念。

（三）政治权力的存在

从权力维度出发，空间产生的本质为权力对空间的占用与运用。哲学层面对空间的阐释本质上是物质与精神的对抗，是探究物质的存在为第一性还是精神的所思为第一性的表现。可跳脱此传统视野之后，空间拥有了社会属性。列斐伏尔是空间概念的集大成者，他认为空间不是静止的、抽象的，而是社会关系生产的结果，能够反映社会关系的生产过程以及变化过程。[③] 因而权力是空间的底色。福柯曾说，权力以纪律的方式创造复杂空间并发挥其支配性作用，比如提供固定的空间位置；开辟个别部分空间以便于操作；标记某个场所并定义它的价值等。这些空间既是实在的，因为它们控制着建筑物、房间、家具的安排，同时也是观念的，因为它们是对特征描述、估价、等级制度的安排的具体化。[④] 在每一个看上去真实、可触的具象空间背后（如学校、家庭、监狱、医院、公共空间等）都暗含

---

① 高秉江. 从现象学看"存在就是被感知"[J]. 湖北大学学报（哲学社会科学版），2010，37（2）：63.

② 单斌. 空间是直观形式吗？——胡塞尔与康德的空间观比较初探[J]. 中国现象学与哲学评论，2013（1）：372.

③ 林叶. 城市人类学再思：列斐伏尔空间理论的三元关系、空间视角与当下都市实践[J]. 江苏社会科学，2018（3）：126.

④ 王海荣. 空间理论视阈下当代中国城市治理研究[D]. 长春：吉林大学，2019：77.

着权力价值的分配和斗争。这一系列观点均立足于对资本主义政治、经济制度,资本主义以各种有形或无形的方式将空间放入其生产模式之中,以空间的占有再生产,从而创造剩余价值,以维护其统治根基。因而,列斐伏尔把空间定义为意识形态的表现,是政治性的,是对工人阶级的控制与剥削。

(四)经济生产的存在

中国学者从社会主义生产方式的角度出发,认为人是改变空间的决定性力量,不论是社会思潮运动还是资本的介入,背后都是人在操作。庄友刚、叶超等人提出空间生产的本质是自然的"人化",是不同利益主体动员经济、政治、文化诸多因素去创造符合自身需要的空间产品的活动过程。[①] 如何"重构"、如何"治理"空间是这一视野最终的落脚点。

总之,不同的空间理论学者从不同的学术视野出发,对"空间"做出了不同维度的阐发。随着世界多极化发展,对社会不同领域的影响加剧,人们对于"空间"的阐释也不再囿于单一的政治或哲学立场,而是承认"空间"的多维性并在实际的空间建构时从"多维"出发,使空间功能复合、重叠。本书探讨的新型公共文化空间,是指现实中属于公共文化领域的空间,从整体上看它们也具备一般意义空间"可被探讨的所有可能性",属于可进行多维度阐发的空间范围。

二、公共文化空间

在对"空间"概念从不同学科角度进行分析后,笔者将具体分析公共文化空间概念、属性的衍变,以及公共文化空间对当代社会人的重要作用。回顾公共文化空间的发展有利于我们理解新型公共文化空间构建的理论基石,也有利于我们找到新型公共文化空间之"新"的理论来源。

首先,"公共"概念是随着西方政治活动中的民主概念演化而来的。它将一定层面的国家政治生活范围扩大化,使其不再仅仅停留在小范围的

---

① 庄友刚,解笑. 空间生产的市场化与当代城市发展批判 [J]. 社会科学,2017 (8): 112.

绝对阶级之内，而是给予社会大众相对范围内的参与权。从 17 世纪末到 18 世纪初期，由宫廷走向城市的"公共活动"又因资本主义城市化的高速发展而更具革命性的现代意义。"公共领域""公共活动"不再是自上而下的议事权的下放，而是阶级之间的对抗与妥协。正如哈贝马斯所说，公共领域应该是一个在本质上可以供社会各阶层平等交流的空间，公共领域是流动的，是开放的，公共意见、公共舆论、大众传媒也在此空间内产生。美国社会学家桑内特给予了现代城市中空间"共享"的深刻内涵，"共享"不仅是简单的空间占有使用权的人人平等，更改变了空间内的生产模式，并由此引起人与人交往模式的变化。正如桑内特所说，空间提供着广泛而不可预知的、可以促进社会进步的机会。

其次，"文化空间"这个名词曾在列斐伏尔的《空间的生产》一书中被提及。除了文化空间，还有抽象空间、具体空间、绝对空间、共享空间等概念。列斐伏尔认为文化空间是社会空间的一部分，参与空间生产与价值创造。从纵向来看，文化领域逐渐从宫廷政治与宗教事务中独立出来，音乐、文学、绘画逐步从私人的阶层圈子中解放出来走近大众生活领域（茶馆、酒吧、沙龙）。借由市场经济的发展，人们对文化领域的内涵有了多种解读。现代意义上的公共性是从资本主义公共领域的大众化发展而来的，由社会精英沙龙式的封闭空间转向面向市民阶层的开放性空间。在这个过程中，公共文化空间的属性被各种层出不穷的公共文化景观打破、重组；在资本市场、政府力量的介入下，其空间功能更为多元、复合。

成都市的大型"景观书店"方所书店就是如此。方所书店于 2015 年正式在成都远洋太古里营业，它的出现成了当时成都文化圈中一大现象级事件。这正是因为方所书店打破了传统书店单一的商业模式，以混合经营替代单一经营，集美学生活用品、咖啡、书店、时尚产品、策展空间等多业态的经营方式于一体。它还突破了书店传统的空间功能，书店不仅是书籍的买卖空间，更是人和人文化交流的平台，是个人文化公共空间的升级换代，也是都市人生活形态的重构。个体在此类书店中的身份属性也是复杂的，他可以是购买书籍的顾客（经济属性），可以是观看展览或时尚活动的参观者（美学属

方所书店

性），还可以是借由此地的空间拍照打卡的旅游者（社交属性）。因而，此类"景观书店"在真实空间上的重组、合并使其实现性质与功能上的复合，又从而影响空间内主体的行为接受、交往方式、审美意识等。

总之，传统观点认为文化空间是具体可见的物理场所，它们是文化精神活动的表象。可进入21世纪后，公共文化空间不仅承载着空间文化交往的功用，更是商业活动、个人社交、娱乐休闲、城市形象工程等不同利益主体、不同层次活动的聚合之地。因而，由于新案例的不断出现，我们需要重新分析探索公共文化空间的内涵与外延。

当代公共文化空间在物理属性上获得了延展，它不再以可触及的外在空间为界，而是利用虚拟影像技术等网络手段将公共文化空间位移至网络空间；在参与主体上，公共文化空间呈现多主体共存的状态；在社会功能上，公共文化空间由单一功能向复合功能转变。当公共文化空间各组成部分的性质发生变化后，其内在培育要求、建设原则、审美风格都会相应地发生变化。

对公共文化空间的讨论具有现实意义，公共文化空间对当代人具有多维度的重要性。

第一，在消费社会，公共文化空间内的消费业态是可持续的。它是人在满足精神需要基础上所产生的物质消费。如博物馆中出现的文创产品区域，便是为了满足人们的物质消费需求而存在的。进入博物馆这一公共文化空间内的个体多数是以满足精神需求为第一位的，但与此同时，博物馆中的空间氛围也间接地提供了消费场景。这种物质消费不是单纯的资源消耗型的消费——此种消费有个体生理上的限制，如一个人一餐的饭量，冬、夏服装的着装限制等——它是精神消费的附属品，因而在经济生产上区别于粗放型经济对资源的依赖、对环境的破坏。它以文化的创新为生产动力，源源不断。个体进入公共文化空间后，其消费行为附着在文化互动活动之中。触发个体消费行为动机的，不是生硬的外在因素，如广告、促销员、减价活动等，而是自发性的——由公共文化场景导致的个体精神满足反哺于物质消费。例如在成都博物馆中，参观者在参观了"云想衣裳——丝绸之路服饰文化特展"后，在精神层面感受到了古代服饰文化的源远流长与丰富多彩，进而在看到在大展外售卖的根据该服饰展生产的文创产品时，这种文化意境会激发其消费联想，使参观者自发地购买商品。因此，该消费业态主要是以消费者的内在动因为购买行为产生的源头，是可持续、可再生的非消耗资源、污染环境的消费形态。

第二，从环境心理学的角度出发，公共文化空间对城市居民的心理与生理健康都有直接影响。人的主观能动性使得人与环境的关系指向不是单向的，人不会消极、被动地等待环境作用于人，而是积极、能动地与环境交互作用。公共文化空间是人为制造的公共文化景观，它的建设目的在于打破文化壁垒、共享文化成果、提高市民精神文化生活水平。因此，公共文化景观在外在形式上，会采用各种技术手段提高环境刺激量（环境刺激量小时，无法直接刺激人的感官知觉，而知觉是开启更进一步抽象认知的前奏；环境刺激量中等或超量时，人们才会形成注意、接受、调整、改变等系列行为活动），使其作用于主体的知觉层面，再为主体提供舒适性（行为舒适、知觉舒适）——此类舒适性进一步服务于主体生理与心理的需要。

例如，城市中新出现的城市书房和文化驿站为社区内市民的社区活动提供了硬件上的舒适性。当市民想要在室外找一个休息的场所，便不再需要有额外的花费，这些城市书房、文化驿站可以满足市民舒适性的需求。城市中的社区公共文化空间的设计思路也不单纯是提供供人休息的场所，其空间环境的设计品位越高越能使人获得感知上的愉悦，从而达到知觉上的舒适性。最终，公共文化空间将作用于人的心理情感和生理感受，刺激人产生学习行为。人和环境的相互影响，环境会对人的行为选择起到引导作用。当环境不安全时，人会寻找安全的处所；有了安稳的环境，人又会在精神层面产生更高的期望，寻求与之相适应的环境。公共文化空间提供的正是可以满足人精神文化层面需要的环境。这样的场所是人类全面发展必要的社会场域。

第三，在社会文化层面上，公共文化空间的培育与建设可以助力社会文化的多元发展，丰富社会阶层结构，成为新时代青年文化的培育容器。理查德·佛罗里达在其著作《创意阶层的崛起》中敏锐地指出，在工业革命后，资源已不是人类社会经济增长的引擎，创意才是最根本的经济发展动力，也是改变世界文化环境与社会价值体系的核心动因。[①] 由此，创意阶层兴起。如今在我国的大多数一线城市，兴起了青年公共文化空间，如北京的706青年空间、广州的黄边站、珠海的上阳台等，也出现了对这些青年空间运营模式的探讨，如讨论706模式如何培养公共生活能力、上阳台模式中不同主体如何协商参与街区运营等。在这个过程中，青年公共空间中的成员之间形成了新型的人际关系。

青年公共空间是美国学者爱德华·W.索亚提出的"第三空间"理论的标准案例，它既是可观的物理空间，也是抽象的精神空间。更为重要的是，在这类空间中存在着的思维模式具有开放、边缘、批判等异于现代主流文化思维的特征。北京706青年空间中举办的活动议题是多元的，如女性主义的当代发展、苏格拉底式对话等，人们使用的理论话语也多源于具有批判性的哈贝马斯、福柯、波伏娃等人。这类空间鼓励多维价值的阐发，聚集于此的人群探讨的多是不同于日常生活的、开放性的、批判性的价值观念。于是这类场域成了可探寻非主流价值观的物质承载空间。从文化发展的宏观视角看，公共文化空间可以为多元世界的形成提供丰富的实例。从具体空间内都市生活方式的革新到人们思维、观念、价值体系的重新构建，这种公共文化空间内不同精神体系的重生、重构、拓张、改变是对多元世界的最佳注脚。

第二节　何为新型公共文化空间

公共文化空间理论已经发展到了新阶段，并且出现了可与理论相互佐证的城市公共文化空间案例。接下来，笔者会进一步结合典型案例分析新型公共文化空间除了理论层面上的突破创新，在实践层面上的"新"究竟"新"在何处，以及这种创新方式的本质目的。最后，笔者试图结合公共文化空间理论的内在要求、核心本质对成都市的公共文化空间重新进行归

---

① 理查德·佛罗里达. 创意阶层的崛起[M]. 司徒爱勤, 译. 北京：中信出版社, 2010：49.

类、整理。

一、新型公共文化空间实践层面上的"三新"

（一）第一"新"——空间叠加

在传统的城市规划中，公共文化空间地理位置的选址往往远离城市商圈，通常在事业单位的规划管理下存在于封闭式的、有一定规模的建筑物中。进入传统公共文化空间内的个体社会身份是多样的，但其进入空间的动机、目的却是单一的，即主要是出于提升文化素养的需求。传统的公共文化空间具有"孤岛"的时空特点。它不是常见的物质生产或交换场所，而是人在满足了生存等基础需要后，自主、能动地提升自身精神需求的空间场所。因而，这类场所在空间的性质、需求上都是单一的，但新型公共文化空间突破了时间和空间分布上的封闭、单一。新型公共文化空间越来越多地分布在繁华热闹的城市商圈、社区街道、文创园区，这些地方都是人流量密集的场所。在这类场所中，不同性质的空间叠加在一起，生活区、消费区、文化区甚至生产区都可以重叠并置。这样一来，进入新型公共文化空间中的个体不仅社会身份多样，进入场所的目的也可能是多种多样的，而这个新型公共文化空间也可随时满足人们不同层次的需要，甚至刺激出人们进入时并未意料到的个体需求。

如今，在北京、武汉、上海、成都等地如火如荼建设的24小时城市书房，就是新型公共文化空间在"空间叠加"上的最佳佐证。在时间上，一般的图书馆早上10点开门，晚上8点关门，而城市书房可以24小时无间断地自助借还图书。时间上的突破，对城市居民的生活方式、活动轨迹都会造成影响。深夜来此阅读的知识青年可以更有效地安排阅读时间，充分满足他们的精神文化需求。而在空间上，城市书房既是阅读空间（可以借阅书籍），也是商业空间（文创产品的消费）、社区空间（社区居民公共活动场所）、社交空间（人际交往的承载皿）等，不同性质、功能的时空交互重叠，是这类空间最突出的创新之处。

（二）第二"新"——运营主体多元

传统的公共文化空间在运营上一直以政府为主导，采取事业单位的运行模式。以政府为单一主体时，其有利的一面是可以有效地保持公共文化空间的公益性质，让其真正发挥促进城市文化建设的作用，打破文化垄断，为城市内各阶层人员平等地参与社会公益活动提供必要的行政支持。但单一的主体参与，只依靠行政资金支持的运转模式，早已不能适应今天的社会发展。

因此，在新型公共文化空间的培育与建设上，运营主体开始突破以往的常规模式，政府逐渐转为公共空间服务型的参与者，逐步下放经营权，吸收各界力量（如企业、个人、文化社团、社区等），激发公益体系的创新能力、竞争意识，从而推动新型公共文化空间内"双循环"（生产、消费的物质循环，创意、文化的精神循环）的持续发展。

成都市的首个24小时城市书房在高新区肖家河片区，它由高新区政府同互联网知名企业喜马拉雅共建，书房内设置有喜马拉雅有声书柜、听读机、有声明信片等阅读互动一体设备。在书房内，市民可以与这一公共文化空间进行充分互动。比如书房内有一面有声互动墙，当市民拿起实体书籍时，互动墙可以自动播放相应的音频；市民还可以用手机扫墙上的二维码，把整本电子书带回家。喜马拉雅作为经济市场中的活跃主体，当它加入公共文化空间建设之中时，可以提供高品质的科技服务，以及更接近普通消费者心理的文化产品。

除此之外，武汉的青山区图书馆更是把不同利益主体汇集在同一公共文化空间之中。该图书馆坐落于青山区印象城商业综合体内，在青山区政府的扶持之下，图书馆既有公益团体的加入，也有社区文化社团的助力，更有商业联盟的营销，整个图书馆不再是一个简单的文化阅读空间，更是一个市民生活中的文化生活场景。在青山图书馆（新馆）第四层有电子阅览室、视障阅读区、休闲阅读区、公共讲读区、儿童绘本馆、三味书屋、朗读亭等，可以满足不同读者的需求。市民甚至可以在周末时全天沉浸其中，感受生活、美学、阅读、文化的多维公共文化空间体系。

（三）第三"新"——沉浸式场景营造

在新型公共文化空间的实际场馆建设中，实践者们也突破了场馆建设在美学风格上"元素单一"的问题。如今，不同类型的文化元素都可以融合于同一空间中，意在通过不同文化元素的碰撞产生不同以往的视觉场景。

新型公共文化空间注重科技与美的结合，在视听技术手段的支持下，使受众获得沉浸式场景体验。"沉浸式场景体验"指的是："观众将注意力高度聚焦于与展览时空内各类信息的'对话'上，这种对话借由感官、行为互动来塑造感知、情感与思考体验，从而推动深度沟通体验的获得。"[1]因此，沉浸式场景体验过程主要侧重于两个方面。

一方面，受众在空间内所获得的外在感知是双向的而非单向的。受众可以通过科技手段与展览空间内的物质实体进行"互动"，并且在这个过程中，人的体验是融通的、无间断的，这种互动可以在较短的时间内触发人类思维的更高阶段（想象），从而达到审美过程中主体自发推动感知抵达认知层面。2022年成都博物馆"云想衣裳——丝绸之路服饰文化特展"就大量使用了各种多媒体互动技术，使参观者可在短时间内沉浸在"时空氛围"之内从而触发想象。

在展厅内一角，设计者专门安置了高达数米的巨型屏幕，以全息投影的方式，在屏幕上不断变换与丝路服饰相关的图像符号，如佛造像壁画、织锦图式等。参观者置身其中，不仅在生理上感知到了丰富的信息，更引发了参观者想象空间上的合理叙事。例如，在丝路服饰文化特展中，有一类参观者会特意身着古典的唐朝或汉朝衣饰畅游其间，参观者的审美体验不仅停留在展品对人的生理感官的作用上，人作为参观者也主动地参与到"美的叙事"中，成为其想象的一部分。参观者体悟到在历史的长河中，人类社会各领域融合的常态、变革的意志与民族性的审美意趣。这些思想意识中的领悟必须有参观者的积极参与才可达成，因而，丝绸之路服饰文化特展在设计布展方面较好地通过主题统一的展品与多媒体科技手段介入等方法，营造出了整体场域氛围以触发参观者的想象，推动参观者快速地进入更高层次的审美阶段。

另一方面，沉浸式场景可以使受众远离日常生活，拉近个人与文化之

---

[1] 季铁，骆园. 基于奥伯豪森煤气罐系列展览的沉浸式公共文化体验设计研究[J]. 包装工程，2021，42（18）：300.

间的距离，达成多元价值的认知体验，从而使人自身的"个体经验"得到多维度的提升。例如成都市文化馆为提高读者传统文化阅读体验，在文化馆中组织了全国首场文化馆沉浸式戏剧游园会——"2023'成都文化四季风·民俗闹春'——狂飙汉'潮'全国首场文化馆沉浸式戏剧游园会"，同时利用虚拟仿真技术在网络上构建线上游园会活动于2023年2月4日、5日举行，据新华社报道，2月6日线上线下的参观总人数达66.72万人次。在线下的实体游园会内，观众可在视觉、听觉、触觉上全方位地感受汉式美学的精髓——参观者穿梭于汉式的布景与穿着汉服的演员之中，逛市集、画扇面，感受中华文化，并参与探寻班超的剧情，与演员一同完成沉浸式戏剧演出。这种汉式文化生活场景与普通人的日常生活是有距离的，因此会给受众造成感官上的冲击。参与者在现场不仅是观众也是剧情发展的推动者，主体全部感知器官自发调动，提高了参观者在认知层面的记忆，拉近了个人与汉文化之间的距离。

新型公共文化空间在实践层面上的"三新"表现，是对公共文化空间理论的发展。创意已成为经济发展的加速器，不论在经营层面还是文化层面，新型公共文化空间多种创意实践的落脚点在于参与元素的多元与融合。扩大新型公共文化空间的功能，满足人们更多的生理与心理需求，以生活美学作为指导，将抽象的、似乎离普通人很遥远的美学概念具体化、可视化，以抚慰人的心灵，改变人的生活，塑造人的精神景观。

二、新型公共文化空间实践创新的本质目的

新型公共文化空间的实践创新活动正在自觉或被动地践行大卫·哈维的空间修复理论，这是人类对城市化实践历史过程的全面反思。在新型公共文化空间概念被提出之前，我国政府早已着手对传统工业区的生态进行修复改造。其中，最为人熟知的案例是东三省传统工业基地向德国鲁尔工业区城市修复建设的学习。

在德国西部莱茵河的下游分支与利珀河流域之间的鲁尔工业区曾是世界工业的心脏，在那里，与制造业相关的厂矿林立。据鲁尔煤管区规划协会统计：鲁尔工业区的区域面积占当时德国全国面积的1.3%，总面积约为4593平方千米。该工业区是生活区与作业区的混合，区内有大量的城

市人口与自发形成的乡镇人口（有24个人口达5万以上的小型城市），人口密度高，区域人口曾高达570万人（埃森、多特蒙德和杜伊斯堡人口均超过50万），占当时德国总人口的9%。据统计，在巅峰时期，鲁尔工业区核心区域的人口密度一度超过每平方千米2700人。住宅、厂矿混合相连的厂区是工业革命后经济粗放式发展的必然结果，当时人们对鲁尔工业区的规划既不是站在人自身可持续健康生活的立场，也未考虑到空间内每个人发展权益的保障。人依附于粗放型经济之上，成为资本主义经济机器上的一部分。鲁尔工业区虽然是欧洲最大的工业聚集区，一度是德国引以为傲的"德国经济发动机"，但它也同时成为德国工业污染最为严重的地区。

灾难不可避免地发生了。1962年的冬季，鲁尔工业区长达五天的逆温天气成为当年严重雾霾灾害的导火索。这场雾霾灾害直接导致150余人死亡，上万余人的身体受到不同程度的损害。在这五天中，工业区空气中二氧化硫每立方米的含量高达5毫克，这些二氧化硫溶于工业污染废水，导致莱茵河中的水生物大量死亡。生物物种的减少又反作用于鲁尔工业区的生态环境，当地人的生存环境进一步恶化。在雾霾灾害后，德国政府与鲁尔当地市政府痛定思痛，在与各方进行了长时间的利益博弈后，做出对鲁尔工业区实施经济转型和产业升级改革的决定，并使鲁尔工业区成为全球旧工业区治理的典型代表。

鲁尔工业区的改造经验对我国东北老工业基地的改造有着积极的借鉴意义。曾经为新中国建设立下汗马功劳的东北老工业基地，其经济增长类型以机械制造、钢铁、石油化工等资源型工业为主。这种纯粹依靠资源的工业发展是不可持续的，同时对生态环境的破坏也是巨大的。当资源型产业赖以生存的资源日渐枯竭后，对工业区域持续的巨额资本支持只是扬汤止沸，并不能从根源上解决区域发展困境。在这种情况下，德国鲁尔区工业区成功的改造经验便有独特的借鉴价值。

鲁尔工业区奥伯豪森煤气罐艺术展览馆是鲁尔工业区空间修复案例中的佼佼者。奥伯豪森煤气罐艺术展览馆的前身是工业区在1927年为储藏煤气而建的储气罐，这个储气罐在第二次世界大战中被炸弹击中，战后又投入使用，直到鲁尔区工业实现产业升级，煤炭行业衰落，这个储气罐在

1988年停止使用。虽然储气罐失去了原有的工业功用，但由于其罐体巨大（高117.5米，直径达67.7米），它还是奥伯豪森地区的地标性建筑。

后来，当地议会重金收购了储气罐所在的旧址，将其改造成艺术展览馆。煤气罐底层的压力区被改造成环形展览空间，面积达3000平方米；上层储藏区被改造成主展区和中央舞台，成为不同形式的艺术活动的展示空间。艺术展览馆建成后，各种现代、后现代的艺术展览集结于此。2008年，奥伯豪森煤气罐艺术展览馆与德国航天航空中心合办大展——"地球的壮美与崇高三部曲""自然奇观""山脉的呼唤"。这三大展览采用沉浸式的布展技术，利用数字媒体影像，让步入其间的参观者可以充分调动自己的感官感知自然奇景。巨大的地球模型上投射着动态高清的全球影像，参观者可以从中看到四季交替、日夜轮转以及各种气候形成的自然成像。人们的视野不再拘泥于狭小、真实的可触部分，而是从宇宙的视角出发观看地球。在巨大的感官刺激下，参观者自然会反思人的存在，反思人与自然的关系。

奥伯豪森煤气罐艺术展览馆在改造过程中保留了部分工业革命时期的遗迹。这些粗犷的工业时代痕迹与以自然为主体的展览形成鲜明对比，产生巨大的感觉刺激。一方面，人类作为社会主体的力量显现在巨大的建筑物上；另一方面，这种力量在人类欲望的驱使下对地球环境造成的破坏，也一览无余，是人类应该反思的。

"空间修复"的实质是平等地对待地球上每一类物种、每一个个体，这种思想与道家的"齐物论"不谋而合。"以道观之，物无贵贱；以物观之，自贵而相贱"，当人摒除了自私狭隘的人类视角，尊重地球上的每一种生命时，空间的藩篱、人为的阻隔都会被打破。奥伯豪森煤气罐艺术展览馆是一个成功的案例，它尊重过往，改造工业遗产，转变了旧有的空间功能，重新激活了一个老工业区。

哈维提出的空间修复理论的本质是希望"空间"不论在物理属性、资本属性、权力属性还是在文化精神属性上，都能满足让人全面发展的需要。简单来说，哈维认为以往的城市发展更多建立在对人与自然的剥削上，以满足城市资本的原始积累，未能考虑到城市中的每个个体各自的空间资源需求，这种城市发展是非正义的、不自由的，人作为个体的空间权力不应当被城市资本化的过程剥夺。

当我们将哈维这一理论应用于中国时,应结合中国的国情。笔者认为在中国城市化的进展中,每一个个体的空间需要由政府以行政手段提供支持,人的全面发展是中国特色社会主义生态文明建设所提倡的。这种建立在提供让人全面发展的需要之上的城市文明,并不是哈维"生态社会主义"的扮演。中国特色社会主义生态文明建立在中国特色社会主义基本国情之上,以人与自然共存的思路与现代化的环保理念为指导,坚持人与自然的命运共同体身份。"人与自然是生命共同体,人类必须尊重自然、顺应自然、保护自然,我们要建设的现代化是人与自然和谐共生的现代化……形成节约资源和保护环境的空间格局、产业结构、生产方式、生活方式,还自然以宁静、和谐、美丽的生态文明发展目标。"[①] 在这一目标的要求下,新型公共文化空间被初步分为以下几种类型(表1-1)。

表1-1 新型公共文化空间类型

新型公共文化空间类型	标准	案例
公共阅读空间	空间形式上,由单一的书籍承载体向多维复合型空间转变。服务对象扩大。公共阅读空间内可利用的资源不仅是书籍,还可引入多种传播样态的知识形式	不二人文空间、24小时城市书房、武汉市青山区图书馆、广州湾区书屋等
文博艺术空间	包括博物馆、美术馆等在内的城市文博艺术空间,是被区隔在城市日常生活之外的公共空间。不少城市的文博艺术空间选址在市中心,一般民众日常的工作、消费、娱乐总是与这里保持着一定距离,使这些区域成为连贯生活场景之外的"异域"	成都博物馆、四川博物院、金沙遗址博物馆、三星堆博物馆等

---

① 张满银,范城恺.哈维的空间理论辨析及对中国空间发展的启示[J].区域经济评论,2020(3):139.

续表1-1

新型公共文化空间类型	标准	案例
乡村文化空间	乡村文化空间的第一层内涵是指乡村地区用于文化活动、文化交流和文化传承的场所，这是可见的物质空间，既包括村居、农家书屋等社区文化设施，也包括古村落、庙宇、传统工艺坊、民俗文化活动中心等传统乡村文化场所。 乡村文化空间的第二层内涵则是指在乡村经济模式的基础上存在本土化的人文景观。它可能散落于乡村生活的各个方面，因而需要有组织、有计划、成体系地收集聚拢这些景观，打造可视化的空间。 因此，乡村文化空间可分为可见的乡村物质文化场所，以及不可见的、有待提炼聚拢的乡村精神文化空间，要想传承发扬这些不可见的精神空间，就需要将其创意地可视化	农家书屋、华西村、五凤溪古镇、三圣花乡等
跨界文化空间	跨界文化空间是指在某种文化风味的底蕴下，综合不同性质、不同行业的文化空间进行多样的文化空间建设；跨界文化空间的元素必须具有融合性，能在不同文化元素之间创造出新的意义和价值。 跨界文化空间需要融合不同的文化元素，既要保留原有的文化特色，又要开创新的文化价值	东郊记忆、红仓·萌想星球107文创产业园、新都天府沸腾小镇等
商圈文化空间	商圈文化空间是指商圈内聚集不同商业和文化设施构成的空间。商圈文化空间是城市发展的重要组成部分，它以商业为核心，同时融合了各种文化元素，形成一个具有独特文化氛围和价值的区域	成都宽窄巷子、北京798艺术区等

在建设美丽中国的当下，要站在人与自然和谐共生的高度来谋划经济社会发展，就要有意识地寻找与西方国家不同的发展道路。同样，公共文化空间的培育与建设也需要对西方社会的历史经验去粗取精、去伪存真，根据中国的经济特点以及人民的审美，建设具有中国特色的新型公共文化空间。在下文，笔者会重点分析我国公共文化空间内审美活动的本质与风格，探索什么样的美学原则是适合中国特色公共文化空间建设的原则。这种探索与解读是为了从理论上摒除资本对空间内生态环境的肆意破坏，保

护"空间正义",站在民众的视角,建设令人民满意的生活空间,实现人与自然、人与社会、人与人的和谐发展。

第三节 中式美学与新型公共文化空间

在审美实践上,与传统公共文化空间相比,新型公共文化空间内文化思潮与艺术氛围开始介入公共文化空间。在本部分,笔者将总结归纳艺术介入公共空间的不同目的,梳理艺术对公共文化空间的意义,探讨中式美学的审美内涵及其在新型公共文化空间建设实践中的应用。

一、艺术介入公共空间的缘由

艺术与公共空间相互作用。艺术是人满足了基本生理需求后,对人的全面发展的追求。在城市的建设发展中,当基础建设服务满足了人的生理需要后,人们便会开始追求并试图满足自身文化与审美的需求。艺术作为一种外在的可视手段参与城市建设,使城市基础设施的外延符号进入了文化层面。从历史沿革可见,艺术介入公共空间的原因主要有五个方面。

(一)塑造国家形象

西班牙的巴塞罗那是著名的艺术之都,城市的公共空间内放置着大量的艺术雕塑。这是因为当地政府将公共建筑物看作一个城市的外在形象的展示,这一思路也应用于各国政府对国家形象的构建过程。美国政府设立公共设施艺术项目机构,颁布法案条例,由政府出面聘请艺术家直接参与城市建设,并规定要保证城市建设费用中的1%用于艺术布置,以经济手段激发城市艺术生活构建,打造城市、国家的对外文化形象。

(二)促进经济发展

1929年至1933年美国经济大萧条期间,为刺激经济,营造良好的社会氛围,肯尼迪政府打算让艺术推动城市经济发展,增加就业岗位。而基于这种目的,以艺术介入公共空间塑造的活动比比皆是。知名国际策展人李翔宁曾谈及，中国政府在过去一段时间对城市建筑的建设思想是以实用、经济为主的，在有余裕的情况下再考虑美观的问题。但随着中国综合实力的提升，市民的精神文化需求也日益增长，对城市中建筑物外形设计的艺术性也更加注重，实用性反而成为退居其次的考量。建筑在视觉上对人的吸引，可以产生"注意力"经济。

成都新都天府沸腾小镇的核心产业为餐饮、旅游，主打火锅品牌。为提高小镇的品牌影响力，实现差异化经营，新都天府沸腾小镇在当地政府的支持下与四川省内艺术院校合作，打造文化艺术IP场景，将在全国乃至全世界享有知名度的文化符码火锅与熊猫糅合为一体，打造出新的视觉符号"腾妹""沸哥"——两只充满潮流感的拟人化熊猫形象。这两个文化符号展示了当代年轻消费群体的复合式场景消费需求，"吃着火锅，看着熊猫，听着音乐"，这种具有多重功能的场景，更能满足消费者多层次的消费需求。沸腾小镇的建设，即意在借由绘画、建筑、舞蹈、音乐等艺术手段将概念化的生活态度"沸腾生活"（代表着年轻一代乐观、积极、时尚、乐活的生活状态）呈现在大众面前，其最终目的仍在于打造现代化的消费场景，推动当地经济的快速发展。当艺术手段介入沸腾小镇的形象打造后，沸腾小镇开始在各大社交网站频繁曝光，成为成都近郊的网红打卡小镇。

（三）扶持艺术行业

第一次世界大战后，为帮助战后生活困顿的艺术家，美国与欧洲各国开始扶持艺术家参与城市建设。其中最为著名的是"公共艺术百分比"运动，它也在日后演变成全球范围内的公共艺术潮流。"公共艺术百分比"运动的核心内容，是政府的相关职能部门以行政经费的1%作为支持，按照市场经济的运作原则，使艺术家参与到城市建设。1959年，美国费城率先提出了"公共艺术百分比"模式，要求在新兴建筑或大型发行项目中配置公共艺术。"公共艺术百分比"运动在一定程度上支持了艺术事业的发展。

（四）提升市民生活质量

"公共艺术百分比"运动不仅支持了艺术事业的发展，还提升了城市生活的文化品位、审美品质。艺术突破了原有的博物馆、艺术馆、文化馆等主流艺术场域，介入公共空间，使市民可以在日常生活中近距离感受艺术带给人思想、审美上的触动。

在科技迅猛发展的当下，越来越多的新媒体艺术、装置艺术与互动艺术需要将作品放置于公共场所，吸引受众自发参与到与作品的互动中，只有这样这件艺术作品的意义才真正完成。而不同层次的受众也会从这些艺术作品中获得不同程度的生理或心理上的满足。坐落于美国芝加哥千禧公园内的皇冠喷泉就是这样一个典型案例。皇冠喷泉由加泰罗尼亚艺术家普朗萨设计，它由两座玻璃砖塔和一个黑色花岗岩水池构成，玻璃塔上装着LED显示屏，屏幕上播放着1000位芝加哥普通市民的面部特写。喷泉的水柱会从LED屏幕中喷涌而出，落入花岗岩水池中。到了夏天，市民在此消暑，孩子们穿梭其间打水仗，人潮涌动。

这一建筑利用媒介技术，不仅实现了公共空间的服务功能，还让市民感受到了芝加哥包容、友爱的城市文化，将人与人的抽象关系立体化，引发了人们对城市中空间和人的互动的思考。这一案例充分说明，艺术介入公共空间，使公共空间成为"无墙的艺术馆"，可以极好地提升大众的审美与修养。

（五）艺术家的创作需要

当代艺术家突破传统，走出封闭的私人工作室，开始将"场所"的性质与艺术的关系问题纳入考虑之中，他们认为随着城市的不断发展扩张，人始终包裹在城市中。亚瑟·丹托表示："当代所意指的，不是某个时期或某种特定的创造风格，而是一种使用风格的风格……当代艺术对我们有一种特别的意义，尽管它们有许多尚未通过时间的考验，但却使我们感到格外亲切，因为，它是'我们'的艺术。"①

二、中式美学的审美内涵

东方美学与西方美学并不相同，在文化基因上各有侧重。简而言之，西方美学注重外在形式的表达，无论是古典主义美学、现实主义美学还是超现实主义美学，各种西方美学流派的共同之处就是重视审美经验，以达成对外部世界的认知或是实现外部世界对个人的影响，他们把整体划分为一个个片段，对每个零碎的部分进行研究。美国学者詹姆斯·埃尔金斯在其著作《视觉品味——如何用你的眼睛》中提到了一种欣赏油画的方法——看油画表层上的裂缝。裂缝可以说明很多东西，比如，作品是何时所画，作品的制作材料是什么，这些材料是如何处理的……而作品未被善待的痕迹也可以在画的裂缝中辨认出来。② 此类欣赏方法体现了西方文化中惯于用"主客二分"的思维模式看待世界。在这种"看"中，无法形成完整的、充实意蕴的意象世界，它仅仅对艺术品的外部认知发挥作用，却无法在审美的深层次中使个体获得生命的律动。

中式美学建立在中国人的"生命哲学"之上，它将人同外在宇宙归于一体——"生命之间彼摄互荡，浑然一体……人超越外在的物质世界，融入宇宙生命世界中，伸展自己的性灵。"③ 因而，中式美学的本质，不是纯粹体验外部物质世界带给人感官上的冲击、刺激，而是寻求生命体验的"真实"。这种"真实"是人心灵世界的自洽，无关乎物质的外显，仅是内在生命的延长。正如明朝张岱的《湖心亭看雪》所述："天与云，与山，与水，上下一白，湖上影子，惟长堤一痕，湖心亭一点，与余舟一芥，舟中人两三粒而已。"内在生命超越了外在世界一时的荣辱、兴亡，以自我的规律运行、变化。

中式美学的内在精神更符合我国新型公共文化空间的内在需要，它是

---

① 亚瑟·丹托. 在艺术终结之后：当代艺术与历史藩篱 [M]. 林雅琪，郑惠雯，译. 台北：麦田出版社，2004：40.
② 詹姆斯·埃尔金斯. 视觉品味——如何用你的眼睛 [M]. 丁宁，译. 北京：生活·读书·新知三联书店，2006：29—30.
③ 朱良志. 中国美学十五讲 [M]. 北京：北京大学出版社，2022：2.

空间与人的合二为一，你中有我，我中有你。中国新型公共文化空间的培育与建设在实际的研究、设计上，应以中式美学为指导原则，这并非说公共空间在设计风格上只能采用中式元素，而是说各种风格元素的搭配、布局应遵循中式美学的审美内涵。中式美学的审美内涵主要体现在两个方面：气韵为基石，境界为上品。

(一) 气韵为基石

"气"来自中国的"气化哲学"。中国哲学认为"气"犹如"道"，"道生一，一生二，二生三，三生万物"，天地万物也由气而生。朱良志在《中国美学十五讲》中提道："中国人视天地自然为一大生命，一流动欢快之大全体，天地之间的一切无不有气荡乎其间，生命之间彼摄互荡，由此构成一生机勃郁的空间。"[①] 由此，气化的世界的本质就是人以生命感知世界，在此当中有两个重点。

一是重视"过程"。对个体来说永没有绝对静止的实体，万事万物在流动、变化中存在。因而，生命的体验也是一个流动的过程，所谓"祸兮福之所倚，福兮祸之所伏"，《淮南子》中那个丢马而不自哀，得马而不自喜的老者正是体察到了世间万物因气浮动，过程千变万化并无定数，人要想与世界贴合共存，就当放下禁锢的当下，意识到过去、现在、未来皆是一体。对于群体而言，"过程"来自人与人之间气的碰撞，是一切关系的综合体。物质与精神中每一个个体相互往来、作用、影响，并非单向活动，而是以复杂的、多线性的状态存在。因而，载浮载沉于其中的个体本身也并非原子化的静态存在，只要是生存在这个"过程"中，主体也应当具有宽泛的视野，摒弃朝三暮四猴子般的生活，脱离蜗角之争狭隘的时空视角。气化的世界是在主体生命中"过程式地"展开。

二是重视"内观"。气化哲学重视人的心灵，因为人的存在是世界意义的注脚。在心学大家王阳明的眼中：你未看此花时，此花与汝心同归于寂；你来看此花时，则此花颜色一时明白起来，便知此花不在你的心外。

[①] 朱良志.中国美学十五讲[M].北京：北京大学出版社，2022：107－108.

花开花落、万物变迁,自有定时,但其价值与意义却在能动的主体。"内观"是中国哲学独特的心灵观念,它可以拓宽人精神的广度、厚度,而又不单纯依赖物质世界的刺激。中国美学对生命体验的重视古已有之,强调气韵就是强调一种生命感,这是中国艺术的基础。南朝谢赫《画品》一书这样总结绘画理论:气韵生动、骨法用笔、应物象形、随类赋彩、经营位置、传移模写。其中气韵生动是所有标准的基石,没有气韵生动也就没有其余五法,气韵的内涵是艺术活动中的"生命力量"。

1."气"的聚集——抓住艺术客体的典型特征。

如何展现"气"中虚无缥缈的"生命感"?这种"生命力量"的存在,是艺术创作主体在审美创造活动中以自我生命"内观"他物所感知到的,正如郑板桥的从"眼中之竹"到"心中之竹"再到"手中之竹",这一个创造竹之精神的过程,就是作者以自我的"生命力"感悟审美对象,最终内化他者,实现物我合一的过程。不同的"内观"对艺术客体"生命感"存在之处的理解也各有不同,理解、掌握的层次也有深有浅。而展现在具体的作品中则是将"生命感"呈现在艺术客体的典型特征中。中国画重视以形传神,其关键之处在"神",气度、精气、本源如何在具象的外在形式上得以抒发,其核心是外在之形是否在动静之中展现了典型人物、典型场景、典型动作等可以凸显他物"内观"的所在。

唐朝著名的仕女画《捣练图》的人物、场景、动作选择可谓是画家张萱以"气"合"气"的集中彰显。他根据宫廷生活的经历,选择后宫中捣练劳作的女子为展现对象,展示的场景选择了制布工艺中最有动作感的捣丝、织线、熨烫这三个典型场面。画面采用散点透视,使观者有人在画中游之美感。在捣丝场景中,一红衣女子放下捣具休息片刻,张萱在画中让红衣女子依靠在捣具上,一只手去挽另一只手的袖子——就是这一动作将"生命感"赋予了纸上之人:靠在捣具上休息的人是静态的,但挽袖子的细节赋予了女子动感,动静结合,戏剧张力就此萌生。而此处细节也是个引子,让观者浮想联翩:女子为何停下?是在偷懒吗?她为何眼神又看向另一人?……在这种种细节中,画中人的"内观"也就随之而生。

画面中织线的场景也是如此,一女子络线,另一女子对坐缝纫,二者在一动一静中相得益彰,悠然自得。而这一幕与之前的捣练场景相比较,又是以静为主，前后场景相互衬托，动静结合，工艺美的韵律流淌其中。画家在此间挖掘出了审美对象的典型特征，络线女子手中不见线，但其手势是纺线活动中最具代表性、爆发性的拉线动作，这个手势中包含着"生命力量"的美感。而在熨烫场景中，这种生命力量在人物动作上的传达就更加明显了，每一个画中人物都恰如其分地将熨烫时的典型动作呈现出来。为了把绢布铺展开来，执着布匹的女子用力将身体向后仰；熨烫的女子仪表端庄，神情专注，全部的注意力都集中在手中正在熨烫的布匹上，表现了画中女子细腻深沉的内心世界。而煽火的女童与绢布下仰头窥探的女童，也颇为活泼灵动。

画家在细节之处体悟"生命感"，这种"生命感"就是"气"，它凝聚在高度典型化的人物、场景、动作之中。因此，画家表达的不仅是捣练、络线、熨烫的妇女劳作过程，更是在这之中蕴含的盛唐气象、宫廷氛围、生活气息，以及画中人物的性格特征与引人联想的审美感受。

2."气"的释放——借助艺术表现手法"化虚为感"。

"气者，虚而待物者也。"中国艺术重视超越外在形式的虚灵不昧的活泼韵致。[①] 而虚灵不昧的"气"确实在一般的认知阶段无法以具象的符号形式被审美主体掌握，它的内涵的释放需要通过艺术化的表现手法在艺术作品中间接呈现出来。

八大山人朱耷的绘画作品就是借助拟人化的艺术表现手法将"个人之禀气"释放于观者眼前。朱耷是明朝遗少，终其一生不与清廷合作，避世隐居。他的个人经历以及大时代下的家国覆灭，让他的"内观"与同时代的其他艺术家迥然不同。有学者评论他的画作是变形画，以奇形怪状夺人眼目。但实际上，他是把自我意识中与人世间的反抗之气，以拟人化的手法注入在花、鸟、山、石之体上，导致了画中花、鸟的变形。画中之物、之景皆是朱耷的象征。鸟和鱼的外形如果采用写实的技法呈现，让观者看鱼想鱼，看鸟思鸟，则会削弱"气"的传达，无法拉开审美对象与现实对象的距离，无法体现出他本人的内心世界。朱耷所画的鸟、鱼、树、石都是人的化身，鱼和鸟的眼珠子会像人一样翻白眼；石头上大下小、特立独

---

① 朱良志. 中国美学十五讲[M]. 北京：北京大学出版社，2022：111.

行，不必遵守自然的法则；画中的树多是一般画家不会选择的枯树，枯枝败叶，萧瑟孤寂，正是画家身世的写照，但同时，这枯枝残叶却有一股似人的风骨气节，如新树挺立画中，毫无枯槁之态。

总之，这些超越常态的艺术化呈现手段，可以将无声无息却至关重要的"内观之气"融于艺术作品中，给中国美学中虚化的气韵之美一个承载的依托。而观者也可以凭此依托，得到感官的刺激，最终触及自身的内在审美世界，达成与作者的圆融互通，以气合气。

3."韵"的凸显——节奏之美。

在中国美学中，"气"与"韵"融合凝聚，"韵"切实体现在把"内观"的生命精神以"生生而有节奏"的形式表现出来。[①]"节奏"一词描述的是音乐的韵律，但美学大家宗白华把宇宙也视为充满音乐节奏的空间，因而在中国美学中，"节奏"一词被赋予了通感的想象，气韵的传达需要通过艺术作品中形式的节奏感来展现，唯其如此，才能将艺术家的内在生命律动展现于观众面前，使作者、读者、作品合为一体，同频共振。

中国著名的山水画家黄公望一生坎坷：年少失亲，被人收养，天资聪颖，年少得志，仕途坎坷，被诬入狱，无罪释放，卖卜为生，晚年习画，终成大家。这短短四十个字背后是黄公望的心境由儒入道的巨大转变。"祸兮福之所倚，福兮祸之所伏"，悲欢交加是人生常态，面对世间的人情冷暖，画家必有诸多感悟，他需要思考如何将这些感悟化虚为实展现于画作之中。

《富春山居图》就是化虚为实的很好例证。画面中山水的排列布局有音韵之感，画面节奏的变化也是画家本人生命节奏的展现。现在可见的《富春山居图》残卷，卷首是一座高山，高山山体圆润厚实，占满整个画幅，山上的植被郁郁葱葱，带有江南水乡特有的湿润之感，山上烟雨朦胧。黄公望运用了其特有的"长披麻皴"技法，把江南山水的独特之美呈现了出来。紧接着，山势走向开始发生变化，画面节奏由重趋缓，山峦层层环抱住江中小舟与土坡上的房屋。画家在此部分的左侧用远景展现主体的山峦，用近景展现右侧的松柏，使两者遥相呼应。峰回路转间，画家走

---

① 朱良志.中国美学十五讲[M].北京：北京大学出版社，2022：109.

笔突变，以皴染表现低矮的山坡、宁静的江面，线条舒展秀丽，墨色变化丰富。画面布局由密而疏，似人生高低起伏，有浓墨重彩的一面，也有宁静安详的空间。有评论家说，黄公望是把文学、哲学的东西变成了水天、山石与云雾之间的互动关系。这话说的就是画面布局节奏带给观者的韵律之感与人的生命之韵是同一的。

画面再往后，是全画中用墨最少的地方，一片留白，一片烟水，是繁华归于宁静的尾声。春去秋来，四季更替，是自然规律，也是人生的写照。道家以为自然至美，天下大美，美于无物、无欲、无求，是本真的纯美。在《富春山居图》的最后，渺渺白沙，两只小舟行于江中，舟中渔夫微微可见，似宇宙中一粒尘沙，归于山水间。画中各部分的节奏虚实相生、松紧得当，使人观之气韵生动。

在中国美学中，"气"重如何化虚为感，"韵"重如何化静为动，节奏的出现由各部分间的对比而来，高低、胖瘦、有无、虚实、黑白等，差异是互动关联的根本，有差异才会有知觉感受上的动荡，艺术家的艺术创作能力也正体现在对这些差异的具体掌握上，以及对这些差异排列组合的创造能力上。

（二）境界为上品

冯友兰谈及中国哲学时，认为其最有价值的部分是有关人生境界的学说。中国美学正建立在中国传统哲学的基础之上，"境界"一词也是美学中最复杂的概念之一。这个概念的核心在于强调人的内心世界与艺术之间的不可分割。审美活动与人是共生的，从艺术创作到艺术体验，脱离了人格境界去谈中国艺术是不符合艺术创作规律的。南宋诗论家严羽曾在《沧浪诗话》中提及，"羚羊挂角，无迹可求。故其妙处，透彻玲珑，不可凑泊，如空中之音，相中之色，水中之月，镜中之像，言有尽而意无穷"。这是对诗的评价，诗的妙处在心的透彻玲珑、在意的无穷之道，它们是水中月、空中音，表明了艺术的审美追求不是感官的刺激，而是意识世界的多面向的传达。

境界是人的生命体验对世界反应的凝聚。[①] 艺术世界中的境界有三重含义：

一是外境可感。人处于万物之中，却并非对事事都能有感而发。能进入人意识范围之内并能触动人心的外境是需要在表征上有审美空间的，正所谓"空山新雨后""采菊东篱下"，景与事都褪去"平常"时，可触发"气"与"气"的合一，也就是审美主体的内观世界与审美客体外感世界的交融。

二是心境自足。这是人的内心所营建的世界。每一个个体内部都有自我意识，它处在自我、本我与超我的各种意识间角力、对抗、博弈之中。中国美学中的心境强调内在自足，《林泉高致》曾提及"及乎境界已熟，心手已应，方始纵横中度，左右逢源"。内心世界对外部世界的种种景、物、事、礼、情等可感之因，可由主体进行把握、处理、调节，最终主体营构出自洽和谐的心境。在心境自足的状况下，艺术创作才能挥洒自如，左右逢源，艺术作品才可能在思想上达到"众里寻他千百度，蓦然回首，那人却在灯火阑珊处"的境界。

三是由象入境。这是指品鉴者在审美活动中，心境透过艺术作品与艺术家的心境相契合，由微象（具体的艺术创作）进入艺术家的人格境界、美学情调、哲学宇宙之中。"悠然见南山"，"松风落涧泉"，品鉴者跟随着艺术家的眼、耳、口、鼻体味作品中的审美意象，并在某一时刻（过去、现在、未来成为完整的时空认知，没有割裂、排除静止的生命感悟状态），品鉴者进入艺术家自足的心境中，与之交流、融合。由境界的三重层次可知，这是品鉴者体验的世界，不是细琐认知的世界，"是将人放入这个世界中的际遇、境况、体会，并由此而形成的审美超越、人格启迪、气象熏陶等"[②]。

自唐以来，境界成为衡量审美价值的标准。朱良志教授对"境界"的观点可阐释为：有内容、有智慧、有意思。

---

① 朱良志. 中国美学十五讲 [M]. 北京：北京大学出版社，2022：274.
② 朱良志. 中国美学十五讲 [M]. 北京：北京大学出版社，2022：281.

"有内容"强调的是好的艺术作品可以弥补时空的割裂,可以调动品鉴者的想象力使其自行创造别样的"内观"世界。海德格尔认为不在场比在场更为重要,完整的时空存在应是过去、现在、未来无法分割的共存。"现在"只是个引子,引出过去与未来。如果一件艺术作品可以引发超越其实在本身的内境世界,而这个内境是可不断扩展、深发的,使品鉴者超越现实时空的禁锢,以自身的想象力弥合超时空的裂痕,那么这件艺术作品就是成功的。

"有智慧"的智慧,指的不是一般的知识体系。因为在道家看来,知识与概念是言说之物,而语言是僵化、刻板与习成的,这是语言的缺陷,也就是说用语言展示的世界是片面的、概括的;而用艺术境界展现的世界是灵动的、真实的。因而,此处的"智慧"指的是艺术作品留给观者的意境,艺术作品以无言无声的方式传达出的真理,是庄子所说的天地有大美而不言。

"有意思"指的是传达内容的形式,应该是可以诱发想象空间的形式,干瘪、单薄的形式无法让品鉴者自我世界中的想象时空来得迅速、持久、深远,艺术的形式需要与内容做到契合统一。

这三重涵义使得境界在成为审美的价值标准时,其判断依据更为清晰,有助于使中国美学概念中抽象的内容具体化。

三、中式美学介入新型公共文化空间的案例

从上文对中国美学中的关键概念"气韵"与"境界"的分析可知,在中国的文化环境下,想要对新型公共文化空间的理论创新与实践原则进行思考,可以从中国古典美学中吸取精华。中国特色的新型公共文化空间应是在运用国际化思维的基础上,努力发掘本国民众的文化心理与美学基因,在对中国古典文化的继承与传承中,利用现代化的艺术手段和"互联网+"思维,综合新型公共文化空间发展的阶段成果,让中式美学元素能够真正地落地生根。笔者将结合深圳市级非物质文化遗产保护单位不二人文空间,分析"气韵为基石,境界为上品"的中式美学审美内涵如何在具体的公共文化空间中呈现出来。

作为深圳市级潮州工夫茶非物质文化遗产保护单位，在2015年开始建设的不二人文空间是典型的新型公共文化空间。这一文化空间既是文博艺术空间——中国民用古茶器微型博物馆，向普通市民免费展示该馆收藏的一万多件中国古茶器；又是基层文化空间——为推动茶文化的传播，这里开展了一系列文化论坛、展演、讲座等活动，深入社区基层，培养青少年对中国传统文化的兴趣。不二人文空间还是跨界文化空间。该空间的可用地面积达800平方米，借由博物馆和各类茶文化推广活动营造的空间氛围，不二人文空间打造了商业化的文创产品市集，向人们传达"学古"就是"创新"的文化理念。在该理念的指导下，不二人文空间的文创产品多次获得国内外各项大奖，其空间设计还获得外观专利及实用新型专利十余项。这些成果充分说明了以"气韵为基石，境界为上品"的中式美学设计原则在新型公共文化空间建设中可以起到关键性作用。

"生命力量"的存在，是艺术创作主体在审美创造活动中以自我生命"内观"他物的过程。郑板桥从"眼中之竹"到"心中之竹"再到"手中之竹"的创造竹之精神的过程，就是作者以自我的"生命力"感悟审美对象，最终内化他者，物我合一的过程。不二文化空间的"生命力量"来自"不二"这两个字，它是禅宗的根本理论。禅宗与其他宗教最大的不同在于，禅宗不执着于一个特定的崇拜对象，而将"自性"作为最高标准，所谓"自性"就是说世界的意义只在自身。[①] 世界的意义不需要他者的价值判断，不需要探寻庞杂的目的，更不需要情绪的羁押。"空山无人，水流花开"，是不二之境的写照，去除外部强加的观念、意义、取舍，在自身的体悟中澄明生命。"不二之法"一直以来对中国美学影响深远，石涛的"一笔画"就是在技法上摒弃前人对技法的规定，并让位于自然的一种表现，人的意识越淡出，世界就越鲜明本真。

中式美学这种对生命的感悟，可以通过怎样的具象设计形式在公共文化空间传达出来？

首先，以典型物件营造"学古"气韵。不二人文空间中，每一处布置设计都带有岁月的痕迹。墙壁上贴着仿古瓷砖，家具也是颇有年代感的设

---

① 朱良志. 中国美学十五讲 [M]. 北京：北京大学出版社，2022：47.

计。据不完全统计，不二人文空间内放置着 200 余件中国民间老家具，5700 多块宋代窑砖，10000 余件中国古代茶具等。这些典型的古代物件并没有随意摆放，也没有按照传统博物馆中的规制化设计刻意安排，它是"物"与"景"（场景设置）的统一融合，在原本设置的"古韵"氛围的外在场景中，加入符合此场景的典型物件，让"真实的物"成为气韵中的精神所在，让"人为制造的场景"成为触发受众想象空间的引信。

在此空间中，时空的外在物质氛围（场域）让观者的五官感触脱离日常，这种与日常生活感受差异化的审美过程，会造成一定程度上的自我认知的重启。"世界的意义不需要他者的价值判断"这一抽象的生命感悟，具化为不二人文空间中"真实的物"。这些物的存在价值不在标明它的来历，阐释它的意义，而是由观者自己在充满"古韵"的空间内自我感悟。

其次，不二人文空间通过沉浸式场景带来的审美意象营造"学古"气韵。审美活动的对象不是物，而是意象。在不二人文空间中，不是某一古物就能引发受众深层次的审美心理，而是需要在整体氛围的烘托下，审美主体与客体进入各自的世界，由意识统一于一个完整的、充满意蕴的感性世界。在这其中起关键作用的是观者的审美移情。移情作用的核心是意象的生成，所以移情作用是一种美感活动。[①] 移情代表着人主动、有意识地将自我与世界合二为一。朱光潜在谈论移情作用时曾说道："什么是移情作用？简单来说，就是人在观察外界事物时，设身处地，把原来没有生命的东西看成有生命的东西。同时，人自己也受到事物的这种错觉的影响，多少和事物发生同情和共鸣。"[②] 由此可见，受众需要利用审美心胸，自行发现美的所在。但这种超脱于功利主义的态度，并不是任何人都具备并能随时主动开启"发现美的眼睛"的。这就需要外在的时空氛围触发、引导人产生移情作用。不二人文空间内的一桌一椅、一墙一窗，全都以中式美学为设计主导，场景内的时空连贯度高，使得受众步入其中时，可以从知觉层面快速获得持续连贯的信息，使受众脱离日常生活的常规时空，刺

---

① 叶朗. 美学原理 [M]. 北京：北京大学出版社，2021：111.
② 朱光潜. 西方美学史 [M]. 北京：人民文学出版社，1964：250.

激受众产生移情作用，生发出更多的意蕴体验。

最后，不二人文空间不仅有对生命感悟之韵的具象呈现，还将这种境界精神从有内容、有智慧、有意思三个方面进行了提升。"有内容"强调的是，如果一件艺术作品可以引发出超越其实在本身的内境世界，而这个内境是可以不断扩展、深发的，使品鉴者超越现实时空的禁锢，以想象力弥合超时空的裂痕，那么这件艺术作品是成功的。同样一个"有内容"的公共文化空间一定不只是单一地塑造某种文化场景，使受众在感官上体会审美韵味，还需要让受众的内境也就是意蕴世界可以不断地被拓展、挖深。不二人文空间在古韵空间的外侧设计了一个可使用现代泡茶工艺的"水吧"，其中使用高科技加温的热水壶，把茶叶制作成汉字，用可降解的环保秸秆包装茶叶。在这种古今对比之下，茶文化的意蕴世界得到扩充，茶文化正是此古韵空间的注脚，是有内容的中式复古，不是毫无文化价值的古意元素的重复。

"有智慧"是指艺术境界展现的世界是灵动的、真实的。艺术作品留给观者的意境，是以无言无声的方式传达出来的。在不二人文空间中，没有强力介入干预受众对茶文化的思考，而是通过艺术性怀古场景的展现，推动受众主动了解与探究茶文化。文化场景与空间的深度结合是该空间"境界"传达的核心手法。

"有意思"指的是传达内容的形式应该是可以诱发受众想象空间的形式，干瘪、单薄的形式无法让品鉴者自我世界中的想象时空变得迅速、持久、深远，艺术的形式需要与内容契合统一。不二人文空间内传递茶文化的形式是多样态的：它结合当地的实际环境与发展特点，组织了各种文化传承活动，如游学、雅集、演讲、论坛等。这些活动的形式虽然是多元的，但传播的主题是一致的，就是对东方生活方式的继承与革新。此外，不二人文空间还突破了空间的束缚，打造全国游学计划、全国100空间走访计划等，在形式的创新中将茶文化的内涵、意蕴融入当下的生活。

通过对新型公共文化空间不二人文空间内中式美学内涵的解析可以发现，中式美学中的"韵味"和"境界"的现代阐发，正是我国新型公共文化空间建设的突破点。在新时代建立美丽中国的当下，我国新型公共文化空间的发展要实现中国特色并与所处的生态环境相协调,就要有意识地寻找与西方公共文化空间不同的发展道路,应当在宏观美学原则的指导下,对传统美学概念作出现代化的新阐释,以指导今天的公共文化空间建设。

第二章

公共阅读空间的培育与建设

第一节　公共阅读空间的历史发展与内涵演变

公共阅读空间是城市公共文化空间的重要组成部分。作为城市公共文化服务的一项关键性内容，公共阅读空间对城市文化氛围的塑造和市民精神文化生活产生了积极的影响。

公共阅读空间可以提升居民的文化素养。公共阅读空间可以提供开放式的服务活动，如免费借书、公益讲座、自由讨论会等，在这些活动中，越来越多的市民将阅读融入日常生活当中，直接促进了大众文化素养的提高。通过公共阅读空间的文化传承活动和线下阅读体验推广，居民可了解当前文化发展的新趋势，更进一步开拓个人眼界，有利于他们在如今高强度的社会生活节奏中保持身心健康。

公共阅读空间可以引导、改变居民的文化观念。公共阅读空间在提供大量优质的书籍和相关配套设施的基础上，还会根据受众的不同开展各种各样的文化艺术展览和学习活动。这些活动会吸引不同文化层次的居民走出家门，接触多元化的文化知识体系。在这样的公共阅读空间中，居民可在关于社会公共议题的探讨中分享不同的观点，实现思维碰撞，进而开阔人们的视野，培育现代公民的社会监督意识与自我管理、自我认同意识。

公共阅读空间可以提高城市的软实力。公共阅读空间的建设是观察政府对当地文化建设的重视程度和市民对文化环境满意度的一个重要指标。如今，判断一座城市是否有优秀的公共文化阅读空间的标准，已经不再是简单地看数量上有多少座图书馆、多少个文化交流中心了，而是需要公共阅读空间真正地深入普通市民的生活场景。一座城市的公共文化空间以具有地方特色的外观打造，展示了城市的文化底蕴和历史品格，为居民们提供了一个精神生活和文化消费的场所,进一步提升城市的软实力。

公共阅读空间可以促进城市中不同文化阶层之间的社交互动。在原子化的现代社会中,线上社交几乎成了人们最主要的社交手段,但线上社交不能完全替代线下社交。公共阅读空间可以在一定程度上促进线下社交的健康发展。公共阅读空间不仅是开展阅读活动的地点,它还可以建在公园里、乡间的祠堂里、小区的街道上……在这些空间内还可设置咖啡厅、茶室等社交场所,开展除阅读活动外的多样活动,如音乐节、绘画展、游园会等。借此,不同文化阶层的居民能在互动性极强的公共阅读空间内结交志同道合的朋友,从而间接地促进不同人群的融合、互动,弥补原子化社会的种种弊端。

综上所述,公共阅读空间是一座城市软实力的重要体现。在这几年,政府多次出台相关政策,鼓励多元社会力量加入城市公共阅读空间的建设。例如,2020年中宣部印发的《关于促进全民阅读工作的意见》提出,科学规划、合理布局,建好用好向公众提供阅读服务的场所和设备。2021年国家新闻出版署印发的《出版业"十四五"时期发展规划》又提出,加强出版公共服务体系建设。2021年文化和旅游部印发的《"十四五"公共文化服务体系建设规划》更进一步明确提出,鼓励社会力量参与,结合老旧小区、老旧厂区、城中村等改造,创新打造一批具有鲜明特色和人文品质的新型公共文化空间。在行政力量的支持和市场的参与下,多种不同形式的公共阅读空间出现,满足了不同居民对文化空间的不同需求。这极大地推进了居民生活质量的提升与公民意识的形成。公共阅读空间的持续发展也对现代城市的发展起到了积极的推动作用。

一、公共阅读空间的历史发展沿革

了解公共阅读空间的历史发展,有利于对公共阅读空间如今的变化作出有历史依据的阐释。空间内涵、作用的变化也标志着人们在不断重构对自我生存空间的主观认知。

公共阅读空间最早可追溯到唐代的书坊。在活字印刷术出现之前,书籍的普及率很低,为了便于寒门学子读书求学,唐玄宗时期,朝廷在长安设立集贤殿,殿中收藏了众多经、史、子、集读物,并开设专门的阅读场所供学子们阅读。集贤殿为唐代书坊的出现奠定了基础。唐代较早出现的书坊内出售的主要是与科考相关的经典书籍，随着书坊进一步发展，坊内所售书籍不断增多，由经、史、子、集拓展至艺术、文学等领域。唐代书坊的空间使用价值也不再仅仅限于书籍买卖的场所，而是成了重要的文化场所，是当朝贵族和士大夫们进行社交应酬、学术研究、知识交流的公开场合。这样的书坊已初步具备了公共阅读空间的社交功能。唐代书坊也催生了一批"书坊家"，这些书坊家往往是颇有学识的读书人，有的是屡考不中的落魄文人，为了生存而在书坊中卖书、讲学，同时还会进行写作和编辑工作；有的是为了博得好名声，而在业余从事这个行业。但无论如何，这些人和他们聚集的空间逐渐形成了一种特殊的文化氛围和文化产业，被称为"书坊文化"。总之，书坊是唐朝一种重要的文化场所，它不仅促进了文化知识的传播和交流，还孕育了书坊家和书坊文化，对中国古代文化的发展做出了重要贡献。

宋朝时期书坊的公共性质开始有所变化，一部分书坊转变为私人性质的藏书楼，主要收藏和保护重要的文献古籍（孤本、残卷）。这是由于宋朝早期社会物质条件有了更进一步的发展，文官集团逐渐扩大，社会各界开始重视文化的传承和保护，藏书楼由此而来。北宋初年，朝廷无暇发展教育事业，一些学者择山林而居，创办书院或精舍，形成了一批颇有影响力的书院，如白鹿洞书院、岳麓书院、嵩阳书院、应天府书院。在宋代中期，具有公益性质的藏书楼体系得到进一步发展，在国家机构强有力的介入下，当时的州县衙门、学院等场所都建有藏书楼。到了宋朝晚期，由于朝廷腐败、战争频繁等因素，许多官府兴建的藏书楼遭到了破坏和抢劫，但一些致力于文化保护和传承的贵族、士大夫建立的私人藏书楼，仍然收集了许多名著和文化遗产，这些文化遗产对于后人研究宋代文化、历史有着重要的价值。这种由私人以家族形式出资建造的藏书楼大多数不对外开放，但藏书的数量、质量都堪称一绝，为中华民族优秀文化的传承和保护贡献了独特的力量。

与唐代书坊相比，宋代的藏书楼在空间设计方面有突出的特点。比如，藏书楼通常重视对书籍的归纳、分类、整理，具有先进的书籍存储理论与方法，在防火、防潮、防虫蛀等方面有大量的实践成果。有些方法在今天仍被使用着。宋代藏书家的藏书涉猎范围极广。他们开始注重实用类型的书籍，收藏了许多实用性强的百科全书和技术书籍，为科技发展做出了贡献。总之，宋代藏书楼在唐朝书坊的基础上，从藏书场所的营建到书籍种类的扩充上都得到了显著发展，它是中国古代文化遗产保护和传承史上的里程碑，对提高全民的文化素质、促进文化传承和创新、推动科技进步和社会进步都起到了积极作用。

现代意义上的公共图书馆在 18 世纪开始出现在欧洲，这类图书馆往往设施较为简单，书籍数量也不多，民众除了可以在其中自由地借阅书籍外，更重要的是可以将公共图书馆作为表达政治观点、讨论社会议题的公开场所。因此，公共图书馆逐渐成为一些国家、城市的文化中心，为培养市民阶层的公民意识提供了场所。到了 20 世纪，随着社会经济的全面发展，公共阅读空间得到了进一步扩展。公共阅读空间是一个国家软实力的代表，各国政府相继兴建大型的图书馆、文化中心等，为市民提供更丰富的文化资源和多样的文化活动。

随着互联网技术的发展，移动图书馆和电子阅读器被广泛使用，公共阅读空间突破了时空限制，网络虚拟空间为公共阅读提供了无限可能。这一新的现象也改变了人们的阅读习惯，公共阅读空间可以多维度、多层次地附着在各种实体建筑以及具有不同现实功用的场所中，这一革命性的变化尚需我们从理论层面予以更多研究和关注。

二、公共阅读空间内涵的演变

从公共阅读空间的历史发展过程中，我们可以归纳出公共阅读空间内涵的演变。

首先，在空间形式上，由单一的书籍承载体向多维复合型空间转变。不论是最早期的书坊、藏书楼还是近代的图书馆，都固定于一定的空间内，呈现封闭性的状态。其功能是以藏书为主的公共性阅读服务空间，也有少部分承担商业性质的服务，但商品类目范围也主要控制在图书上。但如今的公共阅读空间早已突破了时间和空间上的封闭特点，大多数公共阅读空间被布局在繁华热闹的城市商圈、社区街道、文创园区等人流量密集的场所，并且将不同性质的空间叠加在一起（如生活区、消费区、文化区，甚至是生产区）。这样一来，进入这一空间的主体不仅社会身份多样，他们的个体需求、进入目的也呈现出多样化的特点，而这个新型公共阅读空间也可以满足人们不同层次的需要，甚至激发人们产生原本并未意料到的个体需求。

随着互联网技术的发展，公共阅读空间在时空上还具备了虚拟性、数字性。这些新特点实质上改变了公共阅读空间的自由度，居民可以随时随地根据自己的时间安排阅读活动，这样一来，公共阅读生活能够更为便捷地依附于人们的日常生活之上，有利于居民文化活动的多样化发展，扩大民众的视野。

其次，服务对象扩大化。早期的公共阅读空间服务的对象较为单一，在古代主要是士族阶层，即有一定知识文化素养的读书人；在现代则主要是学生、教师和研究人员。公共阅读空间发生变化，也影响了它的阅读群体。在倡导全民阅读的当下，各种公共阅读空间出现了有针对性的服务设施，如针对不同年龄群体的儿童阅读室、老年人阅读区，针对特殊人群的身障人士阅读设施等。甚至是文化水平较低的民众，也可以参与到公共阅读活动中。阅读活动已不再单纯地以书本内容为主，它也是一种社交方式，是人与人进行社会交往的契机。

如今公共阅读活动中增加了大量的图像化的社交内容，让文化水平不足的读者也能沉浸在文化氛围当中。例如成都市文化馆为提高市民的传统文化阅读体验，在2023年2月4日、5日组织了全国首场文化馆沉浸式戏剧游园会，利用虚拟仿真技术在网络上构建线上游园会；在线下的游园会内，观众可以在视觉、听觉、触觉上全方位地感受汉式美学的精髓，参观者穿梭于汉式布景与身着汉服的演员之中，逛市集、画扇面，感受中华文化，参与探寻班超的剧情，与演员一同完成沉浸式的戏剧演出。这种汉式文化生活场景与普通人的日常生活是有距离的，因而会对观众造成感官上的冲击。观众在现场既是参观者，也是剧情发展的推动者，他们自发调动全部感知器官，拉近了个人与汉文化之间的距离，提高了个人的文化认知水平和审美感受能力。

最后，资源的多样化。如今的公共阅读空间内可利用的资源已不再仅仅是书籍，而是引入了多样态的知识传播方式。这些知识传播方式主要分为三类：一是利用阅读空间内的文化氛围，结合文艺表演，以沉浸式的活动引领具有不同文化素养的读者，将文字外化为场景，增强读者对抽象知识的感官体验。二是利用阅读空间内的文化氛围举办学术讲座。这类活动主要针对文化素养水平较高、对文化传播的内容质量有较高要求的读者。公共阅读空间可以对某一文化内容进行深度挖掘，有针对性地邀请相关专业学者前来举办讲座，使公共阅读空间内的议题讨论更为深入和多元。三是打破固定、封闭的空间，让公共文化空间与社会资源相结合，开发户外性的阅读活动。例如深圳不二人文空间以传递茶文化的形式走出了传统的公共阅读空间；它结合当地环境与社会发展特点，组织了各种文化传承活动，如游学、雅集、演讲、论坛等，这些活动的形式是多元的，但传播的主题是一致的，就是对东方生活方式的继承与革新。

总之，公共阅读空间的历史发展和内涵演变一方面展现了公共阅读空间内形式和功能的不断拓展与完善，另一方面也反映出中国社会对文化传承、创新的需求。公共阅读空间在推动社会公平、促进民族文化发展、提高民众文化素养等方面发挥着越来越重要的作用。

第二节 新型城市公共阅读空间实践成果的创新之处

在新型城市公共阅读空间建设的具体实践中，多元化的运营主体通过改变城市公共阅读空间的传统规划，进行空间叠加，使这一文化空间突破了时空限制，打造出沉浸式的阅读场景，使公共阅读空间的功能更多样。

一、空间叠加

在传统的城市规划中，城市公共阅读空间往往远离商业用地，以事业单位或场馆的形式存在于封闭式的、有一定规模的建筑物中。传统的城市公共阅读空间通常具有"孤岛"的时空特点，它不是常见的物质生产或交换场所，而是在人满足了物质生存等基础需求后，自主、能动地满足精神需求的场所。传统城市公共阅读空间在空间性质上、主体需求上都是单一的，但新型城市公共阅读空间突破了时间和空间上的封闭特点，通常位于繁华热闹的城市商圈、社区街道、文创园区等人流量密集的场所，将不同性质的空间叠加在一起。这样一来，进入这一空间的主体不仅身份多样，他们的个体需求、进入目的也各不相同，而这个新型城市公共阅读空间也可以满足人们不同层次的需要。

如今，在北京、武汉、上海、成都等地如火如荼建设的24小时城市书房，就是新型城市公共阅读空间"空间叠加"的最佳佐证。在时间上，一般的图书馆早上10点开门，晚上8点关门，而城市书房可以24小时无间断地自助借还图书。时间上的突破对居民的生活方式、活动轨迹都会造成变化。深夜来此阅读的人们可以更好地安排时间，以充分满足他们的精神需求。在空间上，城市书房既是阅读空间（可以借阅书籍），也是商业空间（文创产品的消费）、社区空间（社区居民的公共活动场所）、社交空间（人际交往的承载皿）等，不同性质、功能的时空交互重叠是其最为突出的创新之处。

二、运营主体多元

在运营主体上，传统的城市公共阅读空间一直以政府为主导，采取事业单位的运行模式。这样做有利的一面是可以有效地保持公共阅读空间的公益性质，让其真正发挥促进城市文化氛围建设的作用，为城市内各类民众参与社会公益活动提供必要的行政支持。但单一行政主体参与的模式远离消费市场，只依靠行政资金的支持运转，已不合时宜。因此，在新型城市公共阅读空间的培育与建设上，运营主体开始突破以往的常规，政府逐渐转变为服务型的参与者，下放经营权力，吸收各界社会力量如企业、个人、文化社团、社区等参与其中。借由经济系统内不同主体自主、活跃的行为，可以激发公益机构的创新能力、竞争意识，从而有利于新型城市公共阅读空间实现"双循环"（生产—消费的物质循环与创意—文化的精神循环）。

以成都首家24小时城市书房为例，它由该区政府同互联网视听企业共建。在企业高新技术的扶持下，该城市书房内设置有声书柜、听读机、有声明信片等阅读互动一体设备,加强了普通市民与公共文化空间的互动。武汉的青山区图书馆在青山区政府的扶持下,既有公益团体加入,也有社区文化社团的助力,更有商业联盟的协作,不同形式的文化场景并存,使其兼具公益性质和商业性质。总之,运营主体的多元化有利于多维城市公共阅读空间体系的建立。

三、沉浸式场景营造

在新型城市公共阅读空间的场馆设计中,设计者也突破了场馆建设在美学风格上"元素单一"的问题。如今,各种不同类型的文化元素都可以融合、再生于同一文化空间中,其目的就是通过不同文化元素的碰撞、重组形成不同以往的视觉场景。

新型城市公共阅读空间注重科技与美的结合,注重在视听技术手段的支持下,使受众获得沉浸式的场景体验。所谓"沉浸式场景体验",就是"观众将注意力高度聚焦于与展览时空内各类信息的'对话'上,这种对话借由感官、行为互动来塑造感知、情感与思考体验,从而推动深度沟通体验的获得"。[①] 因而,沉浸式场景体验过程主要侧重于两个方面:

一是受众在空间内所获得的外在感知是双向的而非单向的。受众可以通过科技手段与空间内的物体进行"互动",这个过程中体验是融通且无间断的,可以在较短的时间内触发人的高阶思维,从而使主体自发产生审美感知。成都博物馆"云想衣裳——丝绸之路服饰文化特展"就大量使用了多媒体互动技术,让参观者在短时间内沉浸在"时空氛围"之内进而触发参观者的想象。例如,设计者在展厅一角专门安置了高达数米的巨型屏幕,以全息投影的方式不断变换、展示与丝路服饰相关的图像符号,如佛造像壁画、织锦图式等,参观者置身其中不仅在生理上感知到了丰富的信息,在想象空间中也可被触动,体悟在历史的长河中人们审美意趣的变化。

二是沉浸式场景体验可以使参观者远离日常生活,拉近其与文化的距

[①] 季铁,骆园. 基于奥伯豪森煤气罐系列展览的沉浸式公共文化体验设计研究 [J]. 包装工程,2021,42(18):300.

离，达成多元的认知体验，从而使个体经验得到多维度的提升。成都市文化馆为提高市民的传统文化阅读体验，在2023年2月组织了全国首场文化馆沉浸式戏剧游园会，在线下游园会中观众可以全方位感受到汉式美学的精髓，并参与探寻班超的剧情中，与演员一同完成沉浸式戏剧演出。这种汉式文化生活场景与普通人的日常生活是有距离的，因而会对参观者造成感官上的冲击，拉近参观者与汉文化的距离。

第三节　新型公共文化空间理论再发展

新型公共文化空间不仅承载着文化交往的功用，更将商业活动、个人社交、娱乐休闲、城市形象等各种拥有不同利益的主体聚集复合于此空间之内。笔者将从新型公共文化空间与社会、新型公共文化空间与消费模式、新型公共文化空间与人的互动对新型公共文化空间的内涵进行补充与拓展。

一、多元社会价值观念的载体

新型公共文化空间对社会的影响不再停留于文化层面，它是未来社会经济发展的动力；是丰富社会结构，培育新时代青年文化的容器；是世界多极化发展的推动器。

理查德·佛罗里达在《创意阶层的崛起》一书中认为，在工业革命后，资源已不是经济增长的引擎器，创意才是最根本的经济发展动力，也是改变世界文化环境与社会价值体系的核心动因。由此，创意阶层诞生，城市公共阅读空间兴起。此类公共阅读空间的建构思路不再以藏书量的多寡为判断标准，而是将重点放在如何利用此阅读空间为读者提供服务，引导读者在某一文化领域内得到快速成长。它是新型公共文化空间理论的实践，充分展示了创意阶层中社会多元价值的存在。例如位于广州珠江公园的广州首批全民阅读示范点湾区书屋，是阅读文化进公园的新型模式。其建构理念就是以服务、对话读者为第一要务。书屋针对不同的读者举办各式阅读活动，如书屋音乐之夜、书屋诗词之夜、世界读书日特别策划活动等，同时也鼓励多维价值的阐发，探讨不同于日常生活的、开放性的、批判性的观念。从具体空间内都市生活方式的革新，到思维、观念、价值体系的重新构建，在如今多元文化体系的形成过程中，这种文化体系内的不同精神体系不断重生、重构。

二、消费业态可持续化

新型公共文化空间的消费业态是先满足人的物质消费需求，如在城市公共阅读空间中出现了文创产品区域。进入公共文化区域的主体多数是以满足精神需求为第一位的，但城市公共阅读空间的氛围间接地提供了消费场景——这种物质消费不是单纯的资源消耗型的消费，而是精神消费的附属品，因而在经济上抛开了对粗放型经济对资源的依赖，而以文化创新为生产动力。主体进入公共文化空间后，其消费行为附着在文化活动之中，是自发地由公共文化场景导致的个体精神满足反哺于物质消费。例如在成都市文化馆的戏剧游园会上，参与者全方位地沉浸于汉式美学的空间中，在精神层面感受到了汉文化的源远流长与丰富多彩，在看到游园会上售卖的文创产品或书籍时，往往会激发其消费联想，自发地购买商品。因此，该消费业态主要是以消费者的内在动力主导购买行为，是可持续、可再生的消费形态。

三、与人产生互动关系

新型公共文化空间与人的互动主要体现在公共文化空间脱离了传统的工具职能，不再是被动的承载体，而是主动地、有意识地将空间内的可用元素复合为一个文化生活场景，使城市中的每一个人都可以与这个场景产生从物质到精神层面的交换。以城市公共阅读空间为例，它对人们生活空间的影响程度正在逐步加深。当城市公共阅读空间成为市民生活的一部分时，阅读空间也就不再仅是书籍的物质承载体，而是能与人产生互动关系的社交生活载体。城市公共阅读空间与读者的互动路径，主要有三种。

一是贴合读者的社会生活轨迹。城市公共阅读空间想要与读者产生互动，首先在地理位置上需要贴近市民线下的社交网络。市民只要走出家门，就会发现社区中的城市驿站、社区书屋；在商场里，有商业化的艺术书店，也有公益性质的智能书吧；在公园中，还有像湾区书屋这样的公园式书屋。这类模式使得城市公共阅读空间可以覆盖读者社会生活的各个方面。读者自觉或被动裹挟入该空间，同此空间内的"物""景""人"产生不同层次的互动。

二是利用阅读场景与读者进行沉浸式交流。传统的阅读空间中"文化氛围"是凝固的，读者与书籍之间是"看"与"被看"的单一关系。而在新的阅读场景的打造过程中，让"文化"活起来成为人们的共识。在2023年的广州读书月活动上，"穿阅千年"悦读之旅就是要让故去的"文化"活起来。这场活动在阅读空间内设计出五个不同时空特色的"穿阅"场景——秦汉、唐宋、元明清、近现代、当代。工作人员身着各时期的标志性服饰，引领市民们阅读与广州当地文化相关的各时期代表性名作。这种方式让阅读空间内的文化氛围可见、可感，调动了读者的感知器官，在一来一往中，达成了读者与公共阅读空间的深层互动。

三是利用智能技术使书籍与读者产生新的关联。在数字技术的介入下，智能书柜与电子阅读器改变了书籍与读者之间的联系。首先，智能书柜中的电子图书存储在网络云端，不同于传统书籍对空间的占有，智能书柜可灵活地出现在不同阅读场所。其次，电子阅读器搭配智能书柜中的有声图书将改变读者的阅读习惯，方便读者利用碎片化时间进行阅读。总之，科技的发展颠覆了传统的阅读习惯，拉近了公共阅读空间同人之间的联系，使阅读活动与人的关系更为紧密。

新型公共阅读空间在物理属性上获得了延展，打破了有边界的外在空间界限，可以利用虚拟影像技术等网络手段将公共阅读空间位移至网络空间；在参与主体上，新型公共阅读空间呈现出多主体共存的状态；在社会功能上，它也由单一功能向复合多功能转变。无论在经营层面还是在文化层面，参与元素的多元融合是新型公共阅读空间建设的核心原则。新型公共阅读空间的目的是满足人们多层次的生理与心理需求，并以生活美学为审美指导，将抽象的、离普通人较为遥远的美学概念具体化、可视化，以塑造人们的精神景观。

第四节　公共阅读空间的培育标准与建设原则

结合上文有关公共阅读空间的理论分析，我们了解到公共阅读空间不仅是提供书籍和供人们开展阅读活动的开放式公共场所，它更是城市文化软实力的象征，对于文化的流动、传承以及居民整体文化素养的提高具有重要意义。但与此同时，在公共阅读空间的实践层面普遍存在一个问题：各地政府已经开始关注公共阅读空间的建设，但由于缺乏统一的标准和建设原则，部分公共阅读空间使用率低，特别是部分社区的文化驿站由于管理不善、配套设施不足、文化活动少，这些本该发挥基层文化建设作用的阅读空间最终成为老年人闲聊的场所。还有一些公共阅读空间仍沿用传统书房的建设模式，缺乏空间内容创新，同质化明显。确立公共阅读空间的培育标准和建设原则有助于提高其服务质量，更好地满足社会需求。笔者建议根据以下标准和原则进行公共阅读空间的培育和建设。

一、培育标准

公共阅读空间培育标准的确立建立在对公共阅读空间历史与内涵发展过程的分析上，从公共阅读空间建设必备的基础条件入手，进而打造、培育的新公共阅读空间。

（一）规模、地点

公共阅读空间的规模应根据城市规模、人口密度、文化需求等综合因素进行合理评估。在以往的案例中，可被培育的公共阅读空间标准一般分为两类。一是利用已有的传统公共阅读空间。这类空间一般建筑面积较大，地处城市中比较重要的地段。例如成都图书馆在设计时考虑到了用户数量和范围及其功能需求等因素，总建筑面积达 2 万平方米，可以容纳大量的读者并开展丰富的文化活动。利用大规模的空间面积可嫁接各类具备其他性质、功能的空间场域。二是在调查不同类型市民生活轨迹的基础上，将小而美的公共阅读空间布置在市民的日常活动路线上，使其在空间位置上尽可能贴近市民生活。现代社会瞬息万变，人们的生活节奏日益加快，业余时间多以碎片化的形式存在。当阅读空间能较为便利地出现在人们的生活中时，这种阅读氛围就能有效且快速地传递给市民。例如大型商场、写字楼中的电子书柜空间占地小，移动方式灵活，可实现自助借阅，贴近市民的购物路线，市民可以在闲散时间进行阅读活动。

（二）藏书数量

公共阅读空间在藏书数量上不能单纯地追求"多和广"，而要向着"专与精"发展。随着社会生产力的进步，城市居民的文化素养普遍有了较大提升。城市读者的阅读习惯日益分化，出现小众化的趋势。传统阅读空间内书籍的挑选规则已不再适应新型公共阅读空间内读者的文化需要。在当下，读者对公共阅读空间的选书标准有了更高的要求。公共阅读空间需要根据读者类型的不同，精准判断不同阅读群体的阅读偏好，有针对性地提供专业性书籍和小众书籍。

（三）设施条件

寻找可供培育的公共阅读空间时，需要考虑到原有空间的文化性、舒适性与便捷性。阅读空间不同于一般的公共空间，需要营造特定的文化氛围，这种特殊的文化氛围可在形式上给人一种有别于日常生活空间的感知。我们应当寻找本身具备打造文化氛围的空间，如公园、学校等，要充分利用现代化书籍阅读设备，如自助借还书机、自助查询机、电子阅读器、有声图书等，提高民众的阅读体验。

（四）服务水平

不同类型的公共空间的服务标准各不相同，但总体上都需要根据目标群体的实际情况科学定位和规划。在挑选新型公共阅读空间的培育对象时，我们还需全面了解其是否有条件引入市场化的管理团队，能否转变传统僵化的行政管理思维，使公共阅读空间的服务面向市场、面向读者。公共阅读空间的服务应该从读者的立场出发，思考如何为读者提供更好的服务。

二、建设原则

随着人民生活水平的不断提高和社会科技的快速发展，阅读早已成为人们普遍的文化需求。现实情况是，民众有阅读需求，也有广泛的阅读材料，可社会阅读场景建设相对薄弱，没有在社会上形成依附居民工作与生活的阅读氛围，不利于全民阅读的进一步开展。这时，公共阅读空间的建设就显得尤为重要。[①] 公共阅读空间应该具备一些基本的建设标准。

（一）注重阅读空间的舒适性

人们在进入任何空间特别是陌生空间时，其感知器官会自动灵敏地寻找安全地带。在现代社会，环境安全感已基本实现，人们对环境安全性的需求就会转化为对环境舒适度的追求以及对环境审美的要求。公共阅读空间应该有足够的自然光以及明亮而柔和的灯光，营造出温馨舒适的读书环境；也应该有足够的开放空间，摆放舒适的座椅和桌子。这些都是公共阅读空间最基本的环境要求。除此之外，我们还应该高度重视公共阅读环境内的艺术氛围，从空间外部形式设计到内部主题内容搭配，都要考虑到视觉审美上的协调。

（二）注重阅读空间的阅读体验

舒适而优美的阅读环境是良好的公共阅读空间的建设标准，但优秀的阅读空间一定会回归阅读本身。读者在阅读空间内除了希望享受外在优良环境带来的感官愉悦，更希望能得到思想和心灵上的深度抚慰。在这个过程中，读者发挥自身主观能动性主动进入认知领域是一方面，另一方面则在于读者所处的阅读空间能否较好地激发读者的能动性——这就需要阅读空间内硬件与软件的协调配合。硬件是指阅读空间应该具备一定的技术支持和先进的设施，例如可以免费使用的 WiFi、插电口、多媒体阅读设备等。这些设备和服务不仅可以满足读者的个性化需求，也有利于提升阅读

---

① 黄俊，邓震卿，张爱君."图书馆＋社区"共建公共阅读空间的对策研究——以江西公共图书馆为例［J］.河南图书馆学刊，2021，41（3）：129.

空间的社交和互动属性，让人们通过分享和交流获得更丰富的阅读体验。

如今，科技产品已经成为人们生活中的重要用品，科学技术渗透到了人们生活的各个方面。① 在公共阅读空间的培育中，把文化与科技自然结合起来，能够有效地提升阅读空间的品质和用户体验。例如，引入人工智能技术可以帮助读者更快速地找到自己需要的书籍和信息；数字化的管理模式也可以提高管理效率，为读者提供更加优质的阅读资源。相关阅读软件在科学技术的介入下，可以在阅读主题的打造、阅读活动的形式和阅读书籍的挑选上让不同类型的读者都能找到想要的阅读方式。

阅读是一种文化活动，阅读空间的建设不应该只停留在功能上，还需要强调其文化内涵。例如，可以在阅读空间设置展览或者文化活动，引导读者沉浸于知识和思想的海洋中，培养他们的人文素养。

(三) 重视阅读空间的共享性

公共阅读空间不仅是单个读者的阅读场所，更是许多读者获得文化知识和信息资源的共享平台。为了实现这样的目标，阅读空间应该丰富多彩，覆盖不同的文化特色和群体需求。例如，在大型的公共阅读空间中，可以根据读者年龄不同设置儿童阅读区、青少年阅读区、老年人阅读区，针对特殊人群如残障人员阅读区等，让不同读者都能够在同一空间内阅读自己感兴趣的书籍。随着互联网技术的发展，线下的公共阅读空间也将自身拥有的资源数字化，以突破时间、空间对共享阅读的限制。公共阅读空间要紧跟互联网技术的浪潮，充分利用科技手段服务每一位读者。

三、发展建议

为了更好地培育公共阅读空间，公共阅读空间的建设必须健康有序。

(一) 加强全民参与

公共阅读空间建设的根本目的是服务于普通民众的日常生活，提高人

---

① 郭燕来. 精神生产者的意识形态功能 [J]. 经济研究导刊, 2013 (10): 257.

们的生活质量。所以在公共阅读空间的建设过程中，相关部门应充分考虑普通民众的需求和意见，加强全社会的参与，让人们更好地参与到阅读活动中，增强公共阅读空间的公共性。

（二）服务内容多元化

公共阅读空间具有公益性质，但在运作管理的具体方式方法上，应充分以市场化的处理手段，根据市民的需求和特点，为不同群体提供不同的服务。公共阅读空间的服务应该多样化，如其应包括阅读推广、文化活动、交流互动等方面。

（三）注重环保

公共阅读空间的建设应该注重环保，采用节能环保材料和技术，减少对环境的影响。同时，建设时要结合实际情况，采取符合本地条件的环保策略和措施，达到可持续发展的目标。

第五节　成都市公共阅读空间案例及模式研究

成都市人民政府在近年启动了城市书房的新型阅读空间建设。政府建设城市书房的目的是推广阅读文化，提升居民的文化素养，加强成都的文化软实力。下文将通过回顾成都市公共阅读空间的历史沿革，结合成都市公共阅读空间建设的实际案例，探讨城市公共阅读空间的建设模式、管理机制以及特点，以期为其他城市的公共阅读空间建设提供参考。

一、成都市公共阅读空间建设概况

随着经济的不断发展和人们精神文化需求的增加，成都市公共阅读空间建设得到了有关部门的重视。这些公共阅读空间包括公共图书馆、社区书屋、文化馆等，其中以公共图书馆为主要形式。

随着改革开放的推进和市场经济的发展，人们的精神文化需求不断增加，成都市政府开始重视公共阅读服务事业的发展。

2003 年，成都图书馆正式对外开放，成为成都市公共阅读领域的标志性建筑。同时，各个区县也纷纷建立了本地区的公共图书馆和阅览室，例如锦江区图书馆、成华区图书馆等。2009 年，成都图书馆被评为一级图书馆，后又陆续获得全民阅读优秀单位、全民阅读示范基地等称号。近年来，成都市积极发挥市、县两级宣传部门和图书馆力量，全面推进各类阅读空间建设。至 2021 年底，成都市各类阅读空间已达 4000 个。

随着移动互联网的兴起和数字化技术的普及，成都市的公共阅读空间也开始探索数字化转型。2015 年，成都市级财政拨付 450 万元用于全民阅读工作，其中 150 万元用于在人流量较大的地点投放电子书借阅机。

目前，成都市的公共阅读空间已经形成了以图书馆、阅览室、社区图书馆、青少年阅读中心等多种形式为主的公共阅读网络，为市民提供了丰富的阅读资源和文化活动。同时，成都市人民政府也积极推进阅读空间的数字化转型，加强数字阅读服务和网络文化建设，吸引更多市民关注公共阅读事业，推动公共阅读空间不断向前发展。

二、成都市公共阅读空间的建设模式

（一）城市书房建设

成都市的城市书房建设是一个以社区为单位的公共阅读空间建设项目。城市书房的建设由成都市人民政府主导，联合各个区和街道办事处共同组织实施。城市书房的建设遵循"社区需求、资源共享、特色发展"的原则，分为四个阶段：规划设计、建设与装修、资源配置、运营管理。

（二）公共图书馆建设

成都市公共图书馆建设是成都市人民政府重点推进的公共阅读空间建设项目之一。成都市公共图书馆建设重点考虑了地域分布、服务人群、图书种类等因素，以街道办事处为单位，相关部门联合开展工作，注重与社区居委会、学校等机构建立合作关系，促进图书馆与社区的互动和融合。

三、成都市公共阅读空间的管理机制

成都市公共阅读空间的管理机制主要由市级文化部门、区级文化部门、公共阅读空间负责人和志愿者团队共同参与。其中，市级文化部门负责主导工作，区级文化部门负责管理和监督各个地区的公共阅读空间建设，公共阅读空间负责人负责具体的业务管理和资源配置，志愿者团队则参与服务、宣传和文化活动推广等工作。

四、成都市公共阅读空间的特点

成都市公共阅读空间建设遵循典型的中国城市公共文化服务建设模式，主要有以下几个方面的特点。

（一）政府主导，社区参与

成都市公共阅读空间建设由政府牵头主导，但同时鼓励和促进社区参与和推广。政府负责提供资金、规划设计、硬件设施配置等方面的支持，社区则负责维护运营、文化活动策划、举办志愿者活动等方面的工作。

（二）覆盖全市，强调精细化服务

成都市公共阅读空间旨在为全市市民提供更加便捷的文化学习和娱乐空间，覆盖了全市范围内的各个区县以及街道社区。此外，成都市公共阅读空间强调精细化服务，注重与当地社区和居民的需求相结合，提供切合当地特色的文化资源。

（三）融合多种文化元素，强化文化传承

成都市公共阅读空间注重融合多种文化元素，例如川西文化、地方文化、国际文化等，以丰富的文化内涵吸引读者。同时，成都市公共阅读空间也注重文化传承，通过文化活动、展览等形式，将传统文化元素融入现代文化生活。

（四）强调社交互动，提高用户体验

成都市公共阅读空间在建设中非常注重空间的社交属性建设，提供了多种互动方式，例如阅读推荐、文化讲座、文化沙龙等。此外，成都市公共阅读空间还提供了手机充电、WiFi、茶水等服务，提高了读者的使用体验。

（五）注重志愿者培训，营造良好的文化氛围

成都市公共阅读空间建设注重志愿者的培训和管理。志愿者主要负责阅读推广、文化活动策划和组织以及服务管理等方面的工作。通过志愿者的参与，成都市公共阅读空间能够更好地营造良好的文化氛围，增加读者群体的黏性和忠诚度。

（六）突出地域特色

成都市公共阅读空间的建设具有鲜明的地域特色，城市书房的建设尤为突出这点。成华区的桃蹊书院是集社区图书、电子阅览室等为一体的街道文化活动中心，于2021年入选成都首批十个"社区美空间"，为周边的社区居民提供了很好的文化阅读生活美学空间。

总之，成都市公共阅读空间建设是在政府主导下，社区协作推动的城市公共文化服务建设，其建设模式特点包括强调政府和社区的合作、覆盖面广、精细化服务、融合多元文化、社交互动和注重志愿者培训等。这些特点可为其他城市公共阅读空间的建设提供有益的参考。

桃蹊书院（2021年入选成都首批十个"社区美空间"）

第六节　成都市可供培育的公共阅读空间

在城市化的进程中，公园作为城市的"绿肺"，越来越成为人们休闲放松的场所。作为全国著名的"花园城市"，在市政建设方面，成都市内大大小小、主题多样的公园是城市最鲜亮的一张名片。如果利用公园空间开展阅读活动，或许可以打造一种新的公共文化服务形态——公园阅读。这类阅读空间可以合理使用现有空间资源，不会造成空间使用的重复和浪费，还符合如今新型公共空间的创新要求，做到空间重合、功能复合、经营主体多元化。

此外，这种公园阅读空间实践是有先例可供分析、比较的。广州湾区书屋作为当地第一家专业公园阅读空间，充分利用公园的优势，将阅读文化带入公园，推动了公园阅读的发展。笔者将以广州湾区书屋为例，分析公园阅读文化的可行性，进而结合成都市公园的具体情况，尝试描绘成都市公园阅读的蓝图。

一、公园阅读的涵义

公园阅读是指结合公园中的地理环境与人文风光，设置专门的读书空间和设施，依据公园的文化氛围开展沉浸式的阅读活动，以吸引更多市民参与阅读，提高其文化素养。公园阅读这一行为高度附着于城市中的各个家庭的社交轨迹上，这种阅读活动并非刻意为之，而是在休闲娱乐的氛围中自然开展起来的。对一座城市来说，开展公园阅读建设有助于拓宽市民的文化视野，提高城市公共文化服务水平，建设更加美好的城市。

二、广州湾区书屋

广州湾区书屋坐落在珠江公园内，是在公园内建设的社区阅读空间。书屋依靠珠江公园良好的生态系统，建成并投入使用的阅读空间涵盖了广州番禺区内的多个公园和社区。湾区书屋也为公园锦上添花，丰富了公园的人文气息，促进社区文化建设，提升了城市品质。

广州湾区书屋主要有两个特点：一是室内的阅读空间与专业化的阅读内容。建在公园内的湾区书屋有一般公共阅读空间必备的硬件要素，包括藏书量较为丰富的图书馆以及阅览室、多媒体室、活动室等。二是它的书籍不同于传统的老少咸宜式的书目选择方式，而是走分众化、专业化的路径，以某一主体为标准，选择高层次、多元化的书目。空间内的活动也不局限于个人的阅读活动，更有音乐节、画展、特别策划活动等。湾区书屋内各种不同性质、主题的活动轮番上演，打破了传统阅读空间的单一与封闭。室外的休闲空间有座椅、遮阳棚、音乐魔方等设施。这些设施不仅可以提供优质的阅读服务，还可以为市民提供一个休闲、交流的公共空间。由此，阅读空间具有了线下社交的功能，拓展了空间原有的属性，使阅读环境成了人们日常社交的场所。

广州湾区书屋的建设主要得益于政府的资金投入和社会组织的参与。政府在书屋的建设过程中提供了必要的经费和资源支持，同时也对书屋的管理、维护、运营等方面做出了规范和指导。社会组织则负责书屋具体的建设和运营工作，包括图书采购、维护，文化活动策划等。政府和社会组织的合作使得广州湾区书屋的建设得以顺利推进，并得到了广泛的社会认可。

三、开展公园阅读空间建设的意义

首先，公园阅读空间可以提升公园的价值。传统公园以自然景观和人造景观为主，服务于人们的日常休闲娱乐活动。但随着社会民众整体文化水平的提升，以及新型公共空间实践案例的出现，人们感受到了空间创新对人们生活的重要作用。民众对公园功用的期待不再仅停留于娱乐场所。"公园＋阅读"的模式能够提高公园的文化内涵和旅游吸引力，使公园不仅是休闲娱乐的场所，更是文化交流和教育学习的场所。公园阅读空间的建设可以吸引更多市民前来公园阅读、学习和交流，同时也能够吸引更多的游客前来参观和体验。

其次，城市中公园的地理位置通常靠近居民的日常活动半径，可以作为社区文化建设的有力支撑，为社区居民提供一个免费的阅读和学习场所，培育社区的文化氛围，促进居民之间的交流和沟通。公园阅读空间在空间位置上是开放式的，方便定期举办文化活动和主题展览，为当地居民提供更具深度和质量的文化体验。

最后，公园阅读空间是开放的，不同社会背景的居民都可以步入其中。这样一来，公园阅读空间可以成为一个社会凝聚力的来源，帮助本地居民和外地游客建立更为紧密的社交关系，增强社会信任和人们的合作意识，增进社会和谐与稳定。公园阅读空间还可以通过组织文化活动和提供志愿服务等方式，增强居民的社会责任感，形成共建共享的社区文化生态。

通过对广州湾区书屋的建设和发展以及公园阅读空间建设可行性的分析，可以看出，公园阅读空间是一种高效、经济、便捷的公共文化服务方式，能够为民众提供优质的阅读资源和休闲空间，同时也能够促进公园的文化建设和社会融合。政府可以在公园阅读空间的建设中充分发挥财政支持和管理作用，社会组织则可以为公园阅读空间提供专业化的服务策划，两者相互配合，可以共同推进公园阅读空间的建设和发展，提高城市文化素质和居民幸福指数。

四、分析成都市可供培育的公共阅读空间

通过调查，笔者认为成都市浣花溪公园适合进行公共阅读空间改造。浣花溪公园是成都市内的一处城市公园，也是成都市内最为知名的公园之一，占地约30万平方米，邻近杜甫草堂与四川博物院，地理位置优越，曾被评选为成都市五星级开放性城市森林公园。该公园环境优美，是市民休闲、娱乐、健身的重要场所。公园经过多次大型整修，硬件设施完善，便于节约改造成本。浣花溪公园景观设计理念先进，将现代园林建筑前沿理论与园内自然风光、川西人文图景相结合，让历史与现代、传统与创新自然交融在园内。浣花溪公园的人文氛围非常适合与阅读空间有机结合。

笔者建议将浣花溪公园打造为集阅读、学习、交流、娱乐于一体的公园阅读空间。主要做法包括：

一是在公园内设立微型城市书房。

可改造的地点：诗歌大道。

浣花溪公园邻近杜甫草堂，公园中设计了许多与诗歌有关的文化空间。从公园的主入口进去不远，就是约300米长的诗歌大道。诗歌大道的石板上雕刻着流传千古的诗句，如"我劝天公重抖擞""念天地之悠悠，独怆然而涕下"等。游客行走其中，可以感受到我国底蕴深厚的诗歌文化。诗歌大道上还有200多个诗人的简单介绍与人物塑像。在诗歌大道旁的树林中，矗立着数十位中国历史上著名的诗人们的雕像，这些雕像是雕塑家叶毓山的作品，其刻法精湛，气势恢宏，其中李白、杜甫、屈原的雕像尤为精致。雕像不仅以细腻地展示了人物的面部表情，更在整体上展示了诗人独特的精神气质，可谓神形兼备。

可以看出，浣花溪公园拥有可以打造浓厚文化氛围的物质景观，我们可以利用这种诗意场景，设立微型的可移动式的公园书房。书房的外观设计应根据诗歌大道的诗意特色，以古色古香为佳，还要注重环保、低碳的

建设理念，建筑形态和材料应与周边建筑相协调。而在图书的选择上，应当选择适应不同年龄、文化层次读者的图书，但图书主题应当与诗词有关。在技术上，可采用有声图书、在线阅读的方法提升游客的阅读体验，同时也可以在线上同步移动书房的内容，把浣溪沙公园的诗意带到全国各地。

二是设置室外阅读场所。

可改造的地方：诗歌典故园。

为实现室内与室外阅读空间的相互补充，为市民提供更为便利的阅读环境，公园内可以设立室外阅读场所，如座椅、遮阳伞、水吧台等，让市民在天然氧吧中阅读，既感受大自然的美好，也陶冶自身的精神品性。室外场所的相关阅读设备和器材的选择应符合人体工学，兼顾舒适与安全；同时也要注意设备和器材的保护和维护。

这种以自然人文风光为背景的阅读场所最核心的考虑还是园区内的风景能否刺激人产生阅读行为，也就是说风景不能只是自然地貌，还要有人文情怀。因此，我们可以选择将阅读场所建在浣花溪公园的河畔和山上。在诗歌典故园中，有八组雕塑，其中有"屈原涉江""饮中八仙"等，组成了叙述中国诗歌发展的历史长廊。还有一条与浣花溪公园的自然风景融为一体的"新诗小路"，展示了现当代诗人冰心、徐志摩、闻一多、艾青、舒婷等人的著作。在关于生命、爱情、故乡的诗歌中，我们可以感受到诗是生活的精华，诗情画意就在我们身边。在小路尽头还有一个诗歌广场，供游人展示自己创作的诗歌。环境中浓浓的诗意有利于激发读者的阅读行为，适合设立室外阅读场所。

三是加强数字化建设。

随着互联网技术的不断发展，数字化建设已经成为公共图书馆发展的趋势，这对公园阅读空间的建设有重要意义。公园阅读空间能够借助互联网资源、数字阅读服务、电子图书馆等方式，实现在线阅读、数字借阅等功能。例如，将公园阅读空间融入智慧公园的建设中，通过扫码等方式让市民轻松获取必要的图书信息和服务。

四是在园区内开展诗歌文化活动。

公园阅读空间的建设也需要加强文化活动的策划和组织，拓展群众文化娱乐空间。可以组织全民阅读活动、亲子阅读互动等，让市民深度融入公园阅读空间。

五是加强人才培养和提高服务水平。

公园阅读空间的建设，不仅需要图书馆管理软件、网络管理系统、数字传媒系统等先进配套设施，更需要专业的管理人员和阅读推广人员以实现及时响应读者需求，提供完善丰富的阅读服务。

通过对成都市浣花溪公园现状和公园阅读空间建设的分析和探讨，可以看出，构建完善的公园阅读空间具有非常重要的意义。它不仅可以为读者提供良好的阅读资源和体验，更能为城市居民营造一个健康、美好的生活环境。同时，公园阅读空间也将成为公共文化服务的重要载体，在满足人们阅读需求的同时，推动城市文化发展，促进城市精神文明建设。

第三章

文博艺术空间的培育与建设
——以成都市为例

第一节　文博艺术空间主要展陈空间简介

成都市内包括博物馆、美术馆等在内的城市文博艺术空间是被区隔在城市日常生活之外的公共空间。虽然不少城市文博艺术空间选址在市中心，但对普通人来说，无论是工作、消费、娱乐、通勤或是其他事宜，他们的日常生活场景总是与这些地区保持着一定的距离，使这些区域成为一个连贯生活场景之外的"异域"。

据相关资料，2022年四川省正式登记注册的博物馆有413座。其中较为知名的博物馆分别是成都博物馆、四川博物院、金沙遗址博物馆、三星堆博物馆等。成都市第十三次党员代表大会也明确提出要增强博物馆旅游的吸引力，深挖博物馆人文内涵，提高博物馆的展陈水平，为广大人民群众提供高水平的文博艺术空间。

一、成都博物馆

成都博物馆是成都市的国有大型综合性博物馆，占地面积约1.1万平方米，总建筑面积约6.5万平方米，展陈面积约2万平方米。博物馆主体建筑分为南楼和北楼，南楼地上建筑主要为办公和科研区，地下建筑为多功能报告厅。北楼主要为展示区，首层为大厅、放映厅、特展厅，地下一层为人与自然专题展，地上二层至四层分别为成都历史文化陈列古代篇、近世篇和民俗篇，五层为中国皮影木偶展。

博物馆内的常设展陈有："花重锦官城：成都历史文化陈列（古代、近世、民俗）""影舞万象·偶戏大千：中国皮影木偶展""人与自然：贝林捐赠展"。这些展馆展示的内容有：新石器时代晚期的宝墩文化，夏商周时期三星堆文化、金沙文化，巴蜀图语文化，明蜀王府建筑构件和模型，明代陶俑，明代玉器、金器、瓷器，清代鼻烟壶等文物。展馆还以历史文物资料、图片与场景再现的方式展示了近代史上发生在成都的重大历史事件。

在常规展示大量精品文物的基础上，博物馆充分利用现代科技手段，以情景再现、人机交互等方式生动形象地介绍了古蜀人漫长而独特的生活历史，也介绍了作为西南地区政治、经济、文化中心的成都自两汉以来所孕育的"天府文化"的方方面面。这些展览充分展示了两汉时期天府之国的民丰物博，唐宋时期的华美雅致，多角度展现了成都地区自古以来所具有的包容、多元与开放的城市特点，及其在中国社会历史变迁中不可或缺的地位。

成都博物馆"影舞万象·偶戏大千：中国皮影木偶展"曾获第十八届（2020年度）全国博物馆"十大陈列展览精品奖"。皮影展厅通过再现皮影历史、皮影制作过程、皮影剧目等环节，将中国皮影戏悠久的历史与内涵，通过奇幻的光与影的布展方式展现在观众面前，让观众感受到中国皮影精美的造型、丰富的剧目类型。木偶展馆也回溯了中国木偶的发展历程，并重点介绍了目前社会上仍在流传的布袋戏、提线木偶戏和杖头木偶戏等戏种。

二、四川博物院

四川博物院是西南地区最大的综合性博物馆，位于成都市浣花溪历史文化风景区内。该博物院总面积1万平方米，拥有六个基本陈列展厅，包含"远古四川——史前时期""古代四川——先秦时期""古代四川——两晋南北朝至五代时期"三个通史类常设展，以及民族文物、工艺美术、汉代陶石艺术三个艺术史专题类常设展，另有四个临时展厅。

"远古四川——史前时期"展览和"古代四川——先秦时期"展览分布在四川博物院的二楼，分别属于博物院基本陈列改造的第一期、第二期工程。"远古四川——史前时期的四川"展览通过340余件文物，展示四川盆地早期文明的形成过程，分为三个单元："走出洪荒——旧石器时代"，主要展示四川盆地及周边发现的坛罐山遗址、龙垭遗址、富林遗址及川西高原手斧遗存等重要遗址；"文明星火——新石器时代"，分区域展示当时生活在四川盆地的不同族群及其文化多样性;"平原筑城——古蜀文明开篇",主要展示新石器时代晚期,成都平原出现的"八大古城"。

"古代四川——先秦时期"展览,通过近 200 件珍贵文物,结合历史文献和最新考古发掘成果,展现了先秦时期巴蜀地区的发展历史,同样分为三个单元:"神秘王国",展示以三星堆遗址、金沙遗址为代表的早期古蜀文明;"巴蜀辉映",主要展示晚期巴蜀文化的特征;"融入华夏",主要展示巴蜀归秦后,秦国对巴蜀地区的治理。

"古代四川——两晋南北朝至五代时期"展览位于博物院三楼,在展览中分为两晋南北朝、隋唐五代两个单元,共展出文物 280 件(套),讲述了从两晋至五代,成都地区长达七百余年的历史。在博物院的三楼,还设有四川民族文物馆、工艺美术馆。

三、金沙遗址博物馆

金沙遗址博物馆是国家一级博物馆,位于四川省成都市青羊区金沙遗址路 2 号,总建筑面积约 4 万平方米。该博物馆由遗迹馆、陈列馆、文物保护与修复中心、园林区和文化交流中心等部分组成。其中,遗迹馆位于博物馆东部,摸底河以南,主要展示古蜀王国的祭祀遗存,馆内展品以原生态的发掘现场为主。陈列馆位于摸底河北岸,由"远古家园""王都剪影""天地不绝""千载遗珍""解读金沙"5 个展厅组成。

"远古家园"位于陈列馆二层西厅,该展厅以 500 平方米大型复原半景画为主体,结合遗迹套箱、出土动物骨骼陈列以及高科技查询系统,真实呈现了 3000 年前金沙先民的生活场景,使参观者身临其境感受远古先民朴素自然的生活。

"王都简影"位于陈列馆二层东厅,该展馆将考古成果与高科技手段相结合,展现了金沙先民的社会生活。烧陶、冶铸、制玉等活动是金沙先民们劳动力水平的集中体现,可使参观者更深入地理解古蜀国政治、经济、文化各方面的状况。

"天地不绝"位于陈列馆一层东厅,该展厅集中陈列象牙、玉器、金器等文物,并运用大量网纱和灯影营造出神秘、庄重的氛围,可使参观者沉浸在古蜀国宗教祭祀的场景,十分震撼。

"千载遗珍"位于陈列馆一层西厅，该展厅主要围绕金沙遗址博物馆镇馆之宝"太阳神鸟"金饰设计布展空间。30 余件金沙遗址中惊艳华美的出土文物陈设其中，展示了金沙先民的勤劳、智慧。

"解读金沙"位于陈列馆底层西厅，该展厅主要陈列古蜀文化秦以前的历史沿革，如宝墩文化、三星堆文化、金沙·十二桥文化等。这些出土文物展示了金沙文化的历史背景以及地域文化发展脉络。

四、三星堆博物馆

三星堆博物馆是专题性遗址博物馆，其"三星堆：人与神的世界——四川古蜀文明特展"荣获第十七届（2019 年度）全国博物馆"十大陈列展览精品奖"。博物馆位于广汉市城西鸭子河畔，距离成都市 30 千米左右。三星堆博物馆于 1997 年建成开放，展馆陈设追求原始文物与现代审美融为一体，综合馆与青铜器馆为其常设展馆。2023 年 7 月，三星堆博物馆新馆建成开放。

三星堆博物馆综合馆分为六个单元：第一单元是"雄踞西南——古蜀 2000 年的沧桑史"；第二单元是"物华天府——三星堆的农业与商贸"；第三单元是"化土成器——三星堆陶器"；第四单元是"以玉通神——三星堆玉石器"；第五单元是"烈火熔金——三星堆冶炼"；第六单元是"通天神树——古蜀人智慧与精神的象征"。该展厅展览了金、铜、石、玉等文物，介绍了三星堆古蜀国灿烂悠久的文明与各领域的辉煌成就。

三星堆博物馆青铜器馆分六个展厅，分别为：第一展厅"铜铸幻面 寄载魂灵——奇秘面具"；第二展厅"赫赫诸神 森森群巫——神巫群像"；第三展厅"皇天后土 人神共舞——祭祀大典"；第四展厅"蠢立凡间 沟通天地——群巫之长"；第五展厅"千载蜀魂——奇绝的宗庙神器"；第六展厅"心路历程——三星堆考古录"。这些展厅全面完善地展示了古蜀青铜器中的精品、重器，呈现出三星堆文化的复杂与神秘。

三星堆新馆分为六个常设展厅，围绕"世纪逐梦""巍然王都""天地人神"三个主题展陈。其中一楼设计的主题展厅包括："考古发掘历程""古蜀文明交流""古城古国"等。二楼展厅为了与观众互动，特别设计了圆形剧场，观众在观看了沉浸式短剧后，可以更好地理解艺术展厅中的展示品。

第二节　文博艺术空间与审美心理

在初步了解成都市区域内重要的文博空间及其主要的展示内容后，接下来笔者将选取各博物馆中已被符号化、广泛流传的著名文物，从审美接受心理的各阶段——感觉、知觉、想象、情感、领悟——入手，研究博物馆展品展陈方式对参观者审美心理的影响。

一、展陈方式与审美感觉

感觉是审美经验的基础，是主、客体互动中最直接、最鲜明的心理现象，是更深层次美感心理的来源。在这一审美过程中需要正视参观者的生理性快感，展品的质地、颜色、大小、形状等外在特征都会引起参观者不同程度的生理快感。博物馆中展陈空间的布局首先应回答的就是如何强化或放大展品带给参观者的生理快感。博物馆的空间布局应能在首次的主客接触中抓住参观者的注意力，并按照预先设定的"感觉刺激"激发其后续的审美心理活动。

（一）石犀牛（战国晚期至汉）

成都博物馆的镇馆之宝石犀牛于 2012 年出土于成都市天府广场东北侧，长 3.3 米，宽 2.1 米，高 1.7 米，重约 8.5 吨，是迄今发现的我国同时期最大的圆雕石刻艺术作品。这座石犀牛整体雕刻风格古朴粗犷，形似犀，躯体壮硕，四肢短粗，前肢与躯干处刻有卷云纹，形似盔甲。根据《华阳国志·蜀志》记载，"秦孝文王以李冰为蜀守……作石犀五头，以厌水精"，该石犀牛可能与李冰治水有关。

1. 石犀牛的空间布局

石犀牛位于成都博物馆"花重锦官城：成都历史文化陈列（古代篇）"展区内"秦并巴蜀"板块主展厅的左侧中央。其右侧放置多件汉代漆器艺术品，四周环绕着与"水"主题相关的文物。此种空间布局方式，可以使参观者在进入空间时，注意力迅速被石犀牛吸引。

石犀牛的头部面朝船棺（古代一种独木舟形棺木葬具）中出土的漆床、漆器，后者的展台被特意设计成船形，这些文物与有着"以厌水精"作用的石犀牛相对，两相应对，实现了"水"这一主题的表达。关于船棺，有学者认为，因为地上的河流难于涉渡，古人幻想在冥界与人世之间，生死异路，阴阳相隔，必有一条河流作为分野，以船为棺，就是借此造物把亡魂送过河去。①船棺承载着人们对"来世"的祈盼与憧憬。而与治水相关的石犀牛则代表着人类在现世生活中，在面对自然的侵袭时，将人的力量发挥到极限，以解决现实问题。无论是关于"来世"的幻想，还是关于"现实"的行动，在脱离了文物彼时所处的空间后，存留下来的只是古人令人惊奇的"想象力"。展厅以这种独特的空间布局方式，让参观者首先在视觉上受到震撼，为下一步更深层次的审美体验提供契机。

2. 石犀牛质地、大小、重量的呈现方式

成都博物馆的石犀牛是我国目前发现的同时期最大的圆雕艺术作品。与一般的治水文物相比，石犀牛在重量、大小上非比寻常。它用红砂岩雕成，这种石材颗粒粗大，给人一种古朴敦厚的沉静之美。

成都博物馆是如何凸显石犀牛重量大、体积广、质地厚重的特点的呢？一是无玻璃防护罩的敞开式陈列。石犀牛的陈列是博物馆中少有的敞开式陈列，没有了玻璃外罩对参观者视野的阻挡，可以使石犀牛庞大的身躯迅速占领人的视野。虽然参观者不能直接触摸它，却有机会近距离观察雕像表面的雕刻纹路与红砂岩的质地。

成都博物馆（皮影展厅）

石犀牛表面的每一个划痕、修补的细节都能使参观者获得最为直观的"初步印象"。

二是灯光布置。在布展中，灯光投射位置也为凸显石犀牛的重量、质感、大小提供了帮助。该展陈的主要光源来自石犀牛头背部的一组顶光，在视觉上，参观者可以明显看到投在石犀牛脚部的阴影；而石犀牛头部、背部、躯干上的雕刻纹饰等细节则被明亮的光线放大，让参观者看得更为

---

① 冯汉骥，杨有润，王家祐. 四川古代的船棺葬 [J]. 考古学报，1958（2）：27.

清楚。阴影增加了石制品向下沉积的质感,被光线放大强调的纹饰可令参观者观察雕刻细节,感受古蜀人古朴的雕刻技艺。

3. 石犀牛展陈方式传递的审美感觉

正如前文所言,博物馆展陈空间的布局首先应回答如何强化或放大展品带给参观者的生理快感,其布局应迅速抓住参观者的注意力,并激发参观者后续的审美心理活动。石犀牛的展陈利用展厅位置安排、无玻璃外罩设计和灯光配合展示等手段,共同作用于参观者的视觉。

视觉上,该文物放置于此展区的目的是展现古蜀人治水的历史与文化。利用石犀牛在展厅中的独特位置,搭配船棺出土文物,以古人今世来生都在与水这一自然要素搏斗为主线,凸显石犀牛在此展厅视觉上的重要性。展厅利用灯光的照射角度,使参观者在感官上先对石犀牛的特点(石制、圆雕、体积大、质量重)有了一个浅层的印象。文物上方投下的灯光虽然覆盖了石犀牛的腿脚,使得石犀牛脚部的细节被隐匿于阴影之中,但分布在石犀牛躯干和头部的雕刻纹饰却得到了充分展示,并不会削弱参观者的审美感受。

放置石犀牛的展示台与其他文物展示台最大的不同,石犀牛展台采取了无玻璃外罩的展台设计。这种展示方法拉近了参观者与远古文物之间的距离。虽然文物还是不可触碰,但没有了玻璃外罩的阻挡,参观者可以近距离观察石犀牛的红砂岩质地。人的感觉器官不是孤立存在的,而是彼此影响的,参观者视觉上看到的红砂岩的外貌,会影响参观者未真实触及的触觉体验。这种直观无碍的审美方式,会使参观者在初次观看该文物时得到颇具冲击力的感官刺激。

(二)影舞万象:中国皮影展

中国皮影戏是一种具有悠久历史与文化内涵的民间戏剧形式,凝聚着我国传统造型与表演艺术的精华,是人类口头及非物质文化遗产的重要代表。皮影戏植根于中国传统文化的深厚土壤,经过千年岁月的历练,铸就了属于中国更属于世界的光影传奇。中国皮影戏凭借其精美的造型、精湛的操纵技艺、优美的唱腔与丰富的剧目,在世界表演艺术中独树一帜,历久弥新。[①] 拥有 2140 件（套）展品的"影舞万象·偶戏大千：中国皮影木偶展"位于成都博物馆的第五层，主要包括皮影展与木偶展两个部分。为了展示皮影与木偶文化的内涵与外延，影、偶文化展由浅入深地展示了皮影戏的各个方面，展厅中有皮影、木偶基本文物，皮影、木偶的全息影像演出，以此传达文物背后的传统文化内涵。展厅展示的皮影戏内容是最具中国特色与乡土情怀的传统傀儡戏艺术，但其布展设计却处处透露出国际化与现代化的设计理念。此展览背后集合了中国、法国设计展陈团队与国际知名灯光照明设计公司的智慧。该展览以国际化的手段，创新展示了传统的皮影戏这一街头艺术的展、演系统，将中国传统文化融入中国故事的讲述中，并通过传统视角与现代视角的碰撞，让文物的历史维度与现代意义恰到好处地展示在参观者面前，使成都中国皮影博物馆（成都博物馆）成为全国唯一一家由国务院办公厅批复同意冠名"中国"的皮影专题博物馆。

1. 皮影展陈设计

进入皮影展馆，参观者首先会发现馆内的展示台与普通的单面展示台并不相同。皮影展厅的展陈台大量采用了双面中空玻璃形式的展台，各式各样的皮影悬空挂在中空玻璃内，以 3~4 个为一个展柜。

皮影展厅的展台设计方式考虑到了皮影是一种具有双面可看性的艺术品，因而将其悬挂在两面透明的中空玻璃中，以便于参观者了解其艺术形式上的特性。在中国，皮影的制作材料大多为牛皮、羊皮、驴皮、猪皮等，其中牛皮是皮影制作历史上应用最为广泛的一种材料。悬挂空中的皮影材质坚韧，呈半透明状，镂空繁复的雕刻技艺更使其显得分外精致。虽然有些皮影的重量能超过半斤，但在其悬空展示时，参观者更可以感受到一种轻盈之感。凸显皮影视觉上的轻盈柔和之感，是为了配合整个场馆预先设定的主题，以营造一种如梦似幻，影戏万千的感觉。

除了双面中空玻璃形式的展台，普通的单面展台也为了配合主题做了细节的改动，例如用灯光将展台设计成皮影戏演出时的舞台。这样，参观

---

① 李龙. 中国皮影博物馆藏部分成都皮影考论[J]. 荣宝斋, 2013 (11): 20.

者会看到在半透明、昏黄的展台上，一个个活灵活现的皮影艺术品依序排开。这种独特的展台设计会带给初次进入展厅的观众极大的视觉冲击。一个个形似皮影戏演出现场的展台，加上半透明、昏黄的灯光，会为参观者营造一种独特的氛围。

2. 皮影展的光影效果

除了利用展台设计的变化，皮影展展厅的灯光，也在视觉氛围的营造上发挥了关键性的作用。

展厅内传统氛围与后现代性并存。展厅内的灯光设计模拟了皮影戏演出时的场景，大量地使用暖黄色的光源，刻意忽略展品的清晰度，利用射灯将皮影的剪影投射到地面上。这些设计巧思使得皮影展馆的视觉风格明显地区别于其他文物展馆。参观者一旦步入其中，就会即刻感知到厚重的历史感。在变幻莫测的光影下，皮影戏演绎了人间百态。皮影戏原本就是民间艺人们利用视觉技巧娱乐观众的艺术，如今皮影展也以独特的方式再现了皮影戏这种独特的娱乐功能。

皮影展的灯光设计不仅可引导参观者重温旧日时光，还可进行更具后现代性的光影探讨。展馆的一角陈列了一组极具象征意味的装置艺术作品，它不是任何具有历史价值的皮影原件，而是一组将手拿金箍棒的孙悟空形象连续投影在白色幕布上的艺术作品，主光源从白幕后打出，在逆光中幕布周围凳子的黑影被投射在前。这组灯光展陈将参观者从传统的怀旧氛围中拉了出来，让他们沉浸入一种虚幻的后现代氛围。

展厅的布局结构与光影配合也刺激着参观者的视觉。在皮影展厅中，布展者专门设计了一个旋转透明的通向展厅二楼的楼梯。由于这个旋转楼梯的主体部分是白色的，扶栏是透明的玻璃，因而楼梯四周的射灯可以投射影像在扶梯上。当参观者走上楼梯时，可以观察到扶梯上不断变幻的皮影人物形象，随着扶梯的旋转，参观者似乎被包裹在流动的光影之中，如梦似幻。

3. 皮影展展陈方式带来的审美感受

皮影展厅注重强化或放大展品带给参观者的生理快感，利用场景再现的方式——无论是展示台的设计，还是射灯的氛围配合，都注重重现皮影戏演出现场的状况，对参观者进行视觉刺激，迅速抓住参观者的注意力。

传统的鉴识型展陈，以尽可能展现展品清晰的细节与精确的知识为主，而现代化的展陈方式则尽可能选择展品的审美重点进行展示。例如，皮影展中皮影的制作过程、皮影的选材与种类等知识型内容的呈现不再是简单罗列，而是突出视觉刺激，让图像与参观者相互作用。皮影演出的形式、整体的氛围引领参观者进入人为搭建的拟态场景，在明显区别于现实生活的另一时空中，参观者在视觉上得到持续且集中的刺激，进而获得更深层次的生理性感受。

二、展陈方式与审美知觉

根据对知觉的一般定义，人们认为知觉是客观事物直接作用于感官而在头脑中产生的对事物整体的认识。知觉具有整体性，可以把个别的感觉材料整合为对审美对象的整体性感觉。在整体性感觉中，客观事物为审美主体提供表象，由表象引导出一种专注于知觉对象形式的审美鉴赏态度。知觉是有选择性的，表象的把握因人而异，如何突出选择对象更具本质性或特征性的方面，始终是知觉的重要问题。在博物馆展陈空间中，展陈排列、灯光布局都在隐蔽地引导参观者选择"看的重点"，以达到审美实践中无目的的合目的性。

（一）太阳神鸟金饰与商周大金面具

商周太阳神鸟金饰于2001年在成都金沙村出土，经鉴定其为商周时期祭祀所用的金器，现在收藏于成都金沙遗址博物馆。太阳神鸟金饰器形整体呈圆形，图案采用镂空方式呈现，古人以惊人的工艺将器身做得极薄，整个金饰外径12.5厘米，内径5.29厘米，厚度0.02厘米，重量仅20克。镂空图案极富现代美感，如同手艺人的剪纸作品，分为两层，外圈由四只神鸟组成，这四只被古蜀人崇拜的太阳神鸟首足相连，按照逆时针的方向飞行，神鸟的雕刻线条简约流畅但又极具动感，其象征着"金乌负日"的神话传说；内圈是象征着太阳的齿状光芒，由十二条齿芒组成，以顺时针方向旋转的漩涡。由于内外层图案的方向不同，外层神鸟与内层漩涡之间相互映衬，反而给参观者的视觉造成一种动感错觉，使人想象出围绕着太阳鸣叫旋转的神鸟这一奇幻的图景。这一金饰体现出古人的太阳崇拜思想，鸟儿围绕太阳不断旋转飞翔象征着永恒的力量，这种力量周而复始、生生不息，人类希望自己的灵魂能够在太阳神鸟的庇佑下永存不朽，这是人类对生命的美好期待。

商周大金面具是我国迄今为止发现的体量最大、保存最为完整的商周时期金面具，在2007年于成都金沙遗址出土。商周大金面具的面部造型为方形，眉部凸起呈长刀形，鼻部高挺呈三角形，大眼、齐额、耳垂有孔，耳部为长方形，整体造型给参观者以庄重威严之感。在制作工艺上，大金面具是在专门制作的模具上捶揲加工而成。1986年，人们曾经在广汉三星堆的祭祀坑中发现过24件铜人面具和6件金面具，并通过后续研究发现金面具原本是黏在青铜人塑像上，以作为祭祀的器物。而用于黏合金面具与青铜人面塑像的黏合剂，经技术分析应为生漆调和黏土制成。对商周大金面具背面痕迹的技术分析发现，这个面具也有类似的黏合剂残迹，因此这个器物可能也曾经附着于某种塑像之上。这也再次证明了金沙遗址与三星堆遗址有着十分紧密的关系。

这两件镇馆之宝不论在产生的时间、质地和功用上都有相似之处，因而这两件展品被同时放置在金沙遗址博物馆第四展厅中。在第四展厅中还有其他祭天礼器，如玉戈、玉圭、玉琮、石跪坐人像、金冠带、有领玉璧等。如何在众多的展品中凸显太阳神鸟金饰与大金面具，并突出这二者与其余祭天礼器的关系、呈现远古蜀人天人合一的祭祀观念，是布展者需要考虑的。

知觉阶段是对人的生理感受的综合与提炼。每个参观者各生理器官感受敏感度不同，综合知觉也有各有侧重，因而在博物馆展陈空间中，动线、展陈排列、灯光布局都可以隐蔽地引导参观者选择"看的重点"，由"凸显"与"隐退"的方式，将参观者置于设计者打造的感知空间内。对于设计者而言，思考的重点则应是"如何突出选择对象更具本质性或特征性的方面"。

1. 圆形展厅与半开放式动线

商周太阳神鸟金饰与商周大金面具展品没有被放置在传统的方形展厅内，而是被放在了圆形展厅中。展厅的顶部绘制着天空图景，其中还有一圈暗红色壁灯，模拟晨曦中朝霞的状态。展厅中央底部升起半米高台，太阳神鸟金饰放置在高台中央，其顶部有射灯直射。高台周围由四组半圆玻璃展柜环绕，每组半圆展柜都有各自的主题。太阳神鸟金饰左下方是玉质祭天礼器，如玉戈、玉圭、玉璋；左上方是石雕祭祀礼器，如石虎、石跪坐人像；右上方是金属制祭祀礼器，如镂空喇叭形金器、金冠带、铜面具、铜人头；右下方是象征权力的实用器与礼器，如海贝型玉配饰、阳刻昆虫型玉牌、玉手镯、有领玉璧。

展厅的设计暗含了古人天圆地方的世界观。这些制作精良的展品凝聚着古人的智慧，这千年前人类存在痕迹的残存，代表着人类文明的开始，壁灯的设计正象征了这一宏大主题。

展厅中的动线是半开放式的，它既不像开放式动线那样没有重点，任参观者凭个人喜好随意选择"观看的重点"；也不像封闭式动线那样没有选择空间，让参观者只能被动式地观看。在此展厅中既有不会被人忽略的主线——太阳神鸟金饰与大金面具位于有主射灯凸显的圆形展厅的中轴线上，又有可以供参观者选择的副线——四组半圆玻璃展柜在参观者的动线上可以顺时针旋转，也可以逆时针旋转。这种半开放式的动线设计有利于布展设计者突出选择对象更具本质性的方面，以便参观者更好地把握审美对象。

对于参观者而言，步入展厅后，注意力会受到灯光、环境的引导，直接到达设计者预先设想的主动线上，进而对古蜀国祭天的礼器有一个初步的印象；再由参观者自主选择副线，更为深入地了解古人的祭祀文化活动；最后，再进行动线控制，引导参观者去看大金面具，使参观者在审美知觉上首尾呼应，浑然一体。

2. 天圆地方的异形展示台与"遥相呼应"的双星布局

太阳神鸟金饰的展示台不同于一般的方形展示台面，采用了六边形底座加透明圆柱体的展示台面，台面的大红色背景绒布把太阳神鸟金饰衬托得熠熠生辉，镂空的雕刻工艺使得绒布上的四只神鸟清晰可见，象征着太阳的螺旋纹饰也被更加明晰地展现出来。六边形底座和透明的圆柱体展示台，除了暗示古人"天圆地方"的宇宙观之外，更为重要的是，透明的柱体设计，使参观者在远处观看时会产生一种视觉错觉——太阳神鸟金饰仿佛悬于玻璃柜中，如一轮冉冉升起的太阳，引发人们对远古神话的无限遐想。太阳神鸟金饰整器呈圆形，器身极薄，其体积、重量等因素并不能像石犀牛展品那样引起参观者的视觉聚焦，而此种展台设计加上展品顶部的射光，会使参观者刚步入展厅时便被吸引到该展品前，并迅速感知太阳神鸟金饰整体的、本质的美感。

在这一展厅中还有另一处布展者的巧思——太阳神鸟金饰与大金面具的双星布局。这两件展品都属于古蜀人祭祀礼仪中的关键器物，但布展者并未将二者置于一处共同展示，而是将太阳神鸟金饰放置在圆形展厅中央，将大金面具放置在圆形展厅的中轴线上，大金面具距离太阳神鸟金饰大概10米之远，其展示台也是透明的柱形展台。这两件著名的展品如双星一般遥相呼应。

太阳神鸟金饰代表着古蜀人对自然物的崇拜，是人类最初面对陌生世界时，以宗教的内瓤与艺术的外衣去了解自然、应对自然的产物。在对大金面具背面痕迹的技术分析中，人们发现大金面具原本应黏合在青铜人面塑像之上，它是人类试图征服自然的象征，是人类力量的物化。让代表"人的力量"的大金面具注视代表"自然力量"的太阳神鸟金饰的布局，为整个展厅增加了戏剧张力。在视觉感受上，双星布局的展陈方式也有利于参观者合理地分配注意力。

三、展陈方式与审美想象

想象是"人类的高级属性"的呈现阶段，感受、知觉直接由存在的审美客体引发，主体能动的参与程度低于想象阶段主体的能动。由感受、知觉阶段到想象阶段这一"质"的飞跃，需要人主观、自由地参与其中，也需要外在的"触发机制"。

博物馆展陈空间会在不同层次触发参观者的合理想象。参观者想象阶段的程度越深刻，对客体的"时空氛围"的要求越高。

（一）云想衣裳——丝绸之路服饰文化特展

2022年1月至5月，成都博物馆以"丝路初开与汉锦西传""民族服饰的融合发展""织造技术与样式革新"等为主题，联合青海省文物考古研究所、宁夏回族自治区博物馆、中国丝绸博物馆、云南省博物馆、山东博物馆、福建博物院、甘肃省博物馆、内蒙古博物院、甘肃简牍博物馆、湖南博物院、宁夏固原博物馆等来自全国约11个省、1个直辖市、3个自治区的20余家文博机构,共186件(组)珍贵文物,组织了"云想衣裳——丝绸之路服饰文化特展"。为了展现多元服饰文化的融合过程,也为了让参观者了解中华民族服饰文化的内涵与外延,展厅中有多个分题。

博物馆的展陈空间会在不同层次上触发参观者的合理想象。这场服饰文化特展以整体场域氛围触发参观者想象,除了需要参观者高度参与其中外,客体的"时空氛围"也是调动主体能动的重要因素。

这场特展整体场域氛围的营造来自两大展厅设计思路。

一是展品类型多样,但主题统一。特展展品类型极其丰富,有陶俑类、瓷器类、玉器类、金器类、丝织品类等造型各异、风格不同的展品。所有的展品都围绕着丝绸之路上服饰文化融合发展的历史进程这一主线展开。从"丝路锦程"到"天下母锦",再到"唐风东渐",所有的展品都围绕着服饰文化的变迁展开。当参观者步入其中,其接触的展品甚至配合展出的附属装饰物都与古人的穿着打扮有关,从帽冠到鞋履,从眉妆到唇妆,从发饰到衣带配饰……单个的审美客体如果想要激发参观者的想象,则需要参观者高度调动自身审美经验参与其中;但如果多个同一主题的审美客体共存于相对封闭的空间,场域中符号的重叠将推动"时空氛围"的形成。在"云想衣裳——丝绸之路服饰文化特展"中,所有的服饰文化图像符号在密闭的空间内交叉重叠,由此反复刺激参观者的视觉感受,参观者想象被激发的可能性大大提高。

二是借助多媒体技术手段,营造沉浸式的整体场域氛围,触发参观者的想象。"云想衣裳——丝绸之路服饰文化特展"大量使用了各种多媒体互动技术,以使参观者在短时间内沉浸在"时空氛围"之内,触发其想象。设计者在展厅一角安置了高达数米的巨型屏幕,以全息投影的方式在屏幕上不断变换与丝路服饰相关的图像符号,如佛造像壁画、织锦图式等。参观者置身其中,不仅可在生理上感知到丰富的信息,更可引发在自身想象空间上的合理叙事。在丝路服饰文化特展中,有一类参观者会特意身着古典的唐朝或汉朝衣饰畅游其间,可见审美体验不只停留于展品对参观者生理感官的刺激,参观者也会主动参与"美的叙事",成为其想象的一部分，再由此促使参观者体悟到，在历史的长河中人类社会各领域融合的常态、变革的意志与民族性的审美意趣。这些思想意识领域的领悟必须有审美主体的积极参与才可达成。"云想衣裳——丝绸之路服饰文化特展"在设计布展方面较好地通过主题统一的展品与多媒体科技手段，营造出整体场域氛围，触发参观者的想象阶段，推动参观者快速进入更高层次的审美阶段。

（二）唐宋市集展

在成都博物馆的"花重锦官城：成都历史文化陈列（古代篇）"中有对成都民间集市十二月市的专题介绍。成都十二月市指的是唐宋时期形成的市集传统，每年十二个月，每月都有主题市集，在古籍文献中仍可以体会到当时的盛况。宋代诗人陆游在《汉宫春·初自南郑来成都作》一诗中写道："何事又作南来，看重阳药市，元夕灯山？花时万人乐处，欹帽垂鞭。"元人费著的《岁华纪丽谱》记载，北宋开宝二年（969年），"命明年上元放灯三夜，自是岁以为常。十四、十五、十六三日，皆早宴大慈寺，晚宴五门楼，甲夜观山棚变灯……灯火之盛，以昭觉寺为最"。这两段记载都提到了成都正月上元节放花灯的习俗，这正是唐代开始闻名的正月灯市。到了宋代，"十二月市"的叫法逐渐形成。

成都的三月蚕市最早兴起于唐贞元年间，常在每年的三月三于成都城北市集举行。据说，这场市集最初专卖蚕茧、蚕丝、桑叶及有关器物，后来也扩大到买卖一般的农具和农副产品，甚至还会买卖药材、花果等。城乡间的官员、平民百姓也会来此处聚会游玩，观赏"祈乞田蚕"。蚕市开市的地点也从成都逐渐扩展到德阳、彭州、都江堰、广汉、什邡、金堂、绵竹等地，开市的时间有时甚至长达两三个月。

想要在极为有限的空间中再现唐宋集市的繁闹场面是困难的，因而如何在有限的空间内激发参观者的"想象按钮"是设计者们需要思考的。设计者在展览中采用了"细节重现"的方法。

在成都博物馆"三月蚕市"展览中，展厅微缩场景前的地板上被特别规划出一个空间，展示在成都市江南馆街街坊遗址中发掘的宋代铺砖街道路面。古朴的宋代街道路面带着鲜活的历史痕迹，一砖一瓦仿佛把参观者带到了千年之前。不需要海量的文物去刺激参观者的视觉，这种场景细节的呈现就可以合理触发参观者联想"过去时空"与"现实时空"中相似的体验经历。无论是唐宋时期的城市还是在当代城市中，人们在街道上行走，都会注意到路面上不同形式的地砖，人们也都需要在地砖上行走。这种相似的生活体验是沟通过往与现实的桥梁，是触发参观者想象阶段的关键点。

在宋代铺砖街道路面展品一旁，布展者利用现代的路面石材，仿效宋代铺砖方式制作了约一平方米的宋代铺砖街道路面仿制品，参观者可以真正走在这个仿制品上。如果说之前的宋代铺砖街道路面真品是连接"过去时空"与"现实时空"的桥梁，激发想象的关键，那么仿制品则是进一步挖掘了触觉上的细节体验，让参观者在极有限的展品展示中仍能被触发想象。

"云想衣裳——丝绸之路服饰文化特展"与唐宋市集展从不同角度——有的是通过整体场域氛围触发想象，有的是通过细节重现触发想象，采用不同的布展方式，合理调动"时空氛围"，为参观者进行更深层次的审美活动做好铺垫。

四、展陈方式与审美情感

审美体验中的情感阶段，是主体对客体某种关系的反映，是主体对客观事物是否符合自己需要的一种反映。这种反映不是生理快感，不是本能性的。这种情感同想象一起扩大主体的认知空间，以达到物我同一，主客同一的状态。情感贯穿审美接受的每一个阶段。博物馆陈列品的"象"与物我同一的"意"组成的"意象"，可使参观者的审美体验达到"自由之地"。

三星堆博物馆综合馆中的展览便有利于参观者达到"物我同一"的审美体验。

三星堆博物馆综合馆分为六个单元：第一单元是"雄踞西南——古蜀2000年的沧桑史"，介绍了古蜀国中心都邑的规模、经济实力与政治模式，展示了中国文明社会初期具有较强综合实力的古城。第二单元是"物华天府——三星堆的农业与商贸"，展示了遗址内出土的大量陶器，有陶缸、陶盆、陶罐等，反映出三星堆遗址区域内农作物生产工具的多样性。第三单元是"化土成器——三星堆陶器"，展现了古蜀人制作陶器的全过程，再现了古蜀人日常生活的方方面面。第四单元是"以玉通神——三星堆玉石器"，展示了三星堆工艺精湛、品种繁多的玉石器。第五单元是"烈火熔金——三星堆冶炼"，展现了中国西南地区的青铜文化与古代先民对数学、几何学的认知水平。第六单元是"通天神树——古蜀人智慧与精神的象征"，展示了三星堆树崇拜的文化与"神树"通天、通神的观念。概而言之，该展厅展览了金、铜、石、玉等文物，介绍了三星堆古蜀国灿烂悠久的文明。

在这几个单元中，布展设计者巧妙地利用不同颜色的灯光进行搭配，以蓝色、绿色、红色、黑色的色彩变化为展厅布展叙事上情感变化的线索。展厅用颜色烘托氛围，刺激感官，不是简单地引起参观者的视觉注意，而是大范围、大面积地使用不同的色调，引发参观者情感上的波澜，让审美客体不再是历史文化外化的"物"，而是能在参观者的现实生活中打上"我"的情感烙印的"物我同一"的审美体验，使"物"重新内化为参观者特定现实空间内的"意"。

介绍三星堆文明开端的展区以蓝色为主题色，象征着文明伊始，古蜀人面对陌生的世界万物，形成的天人合一的世界观。随着历史的发展，到了农耕文明阶段，古人对自然已有了一定的了解，能按照一定的自然规律进行生产劳动，对他们赖以为生的土地、农作物有了更为深刻的认识。在三星堆农业文明和陶器展中，展区大范围运用绿色灯光烘托展厅。再往后，参观者进入了更能体现古蜀人审美世界的玉器与青铜器展示厅，此部分的展示应用了大面积昏暗的红色灯光布景，营造出神秘、崇高的环境氛围，以此引领参观者进入想象世界，体味千年前这些祭天礼器所蕴含的神巫文化。这之后，布展者又用黑色作为介绍古蜀人"通天神树"的环境色，利用黑色激发参观者产生与三星堆之谜相关的种种想象。

主题色具有宏大的叙事意义，通过大面积、多个展品环境色的渲染，可以让参观者长时间地沉浸在此种视觉包围中。不同环境色的变换是对客观历史"物"的一种外向的情感化的表达，参观者接收到这种讯息后，可与自己主观能动的审美活动相互作用，感知知识性、视觉性的表层讯息外更深层次的审美意象。

五、展陈方式与审美领悟

审美感受中的领悟并不是对客观世界中客观对象知识化的理解，而是参观者对审美客体在本质上"顿悟"的一种心理状态。博物馆展陈空间的设计、布局可引导参观者在审美体验上再一次"飞跃"，其"场域净化"可使参观者的心理状态在一定程度上与真实世界短暂脱离。在心理时空的错位下，参观者的精神世界有了顿悟的机会。

（一）"远古家园"与"王都剪影"展厅的多元化呈现方式

金沙遗址博物馆陈列馆中的"远古家园"展厅以500平方米大型复原半景画为主体，结合遗迹套箱、出土动物骨骼陈列以及高科技手段真实呈现了3000年前金沙先民的生活场景，使参观者身临其境感受远古先民天人合一的生活状态。"王都剪影"展厅将考古成果与高科技手段相结合，展现了古蜀国居民的社会生活。烧陶、冶铸、制玉等活动是金沙先民们劳动力水平的集中体现，可以使参观者更深入地了解古蜀国政治、经济、文化各方面的真实状况。

最大程度地带领参观者进入与其日常世界相隔绝的"特定的场域"，可以使参观者完全沉浸在对另一时空的审美体验中，以此获得审美领悟的契机。这两大展厅并没有单纯地按照传统展览的展示方法将展品一一陈列，而是用多元化的呈现方式，从不同的角度还原古蜀人生活的方方面面。进入"远古家园"展厅，处处是结合实景雕塑的半景画，逼真生动地还原了先民的生活环境，让参观者在视觉层面进入了与现代社会生活完全不同的异域；其次，结合遗迹套箱（以保留出土文物原始状态为目的，直接在文物出土地点加盖文物保护装置），使参观者能够在遗迹套箱上行走，近距离地接触文物发掘的现场，感受日常生活中无法接触的另类场景。在"王都剪影"展厅，多媒体科技技术的运用为参观者展示了许多古代先民的生活场面，如展示古人建造房屋的情景时，将建筑过程投屏，并设置互动按钮，参观者每按一次，就在大屏幕上展示一步建筑过程。这些技术手段的运用使参观者在与图像的交互中，将自身置于非常态的超时空想象中。

多元化的呈现手段打开了眼、耳、手等多方面的视觉、触觉通道，使参观者得以接收另一时空的讯息，在审美体验上再一次"飞跃"。

（二）"天地不绝"展厅中的戏剧张力

"天地不绝"展厅集中陈列象牙、玉器、金器等文物，并运用大量网纱和灯影光线营造出神秘、庄重的氛围，使参观者沉浸在古蜀国宗教祭祀的场景中。

在该展厅内，大量的暗黑色铁制网纱和大幅文物图片从屋顶垂落下来，配合时隐时现的灯光，给参观者的视觉带来冲击。这些设计也将展厅空间与日常生活空间隔绝开来。这一展厅在视觉上也有别于传统的文物展示厅，网纱和图片所占空间的比例甚至超过了展品占有的空间。在展示金沙遗址文化中的未解之谜时，展厅采用了灯箱迷宫的方式，把金沙遗址文化中留下的未解之谜写在散发着暗蓝色灯光的灯箱上，并将灯箱排成迷宫般的格局。这一系列的环境氛围装置使参观者深深地沉浸在场景之中。更重要的是，展厅的设计不是简单地陈列器物，而是以环境氛围装置为"叙事语言"中的修饰符号，加强陈列展品的"叙事效果"，加强参观者审美中的"戏剧张力"，让整个展厅由对"物"的叙述转变为对"情"的体验。

第三节　文博艺术空间的展陈特点

成都地区最具有代表性的博物馆展陈空间的展陈方式，基本可以概括为三类：传统型＋全媒体技术手段辅助、沉浸式场景再现型＋全媒体技术手段辅助、遗址现场型＋全媒体技术手段辅助。可以看出，随着科学技术的发展，特别是全媒体影像技术手段的介入，具有代表性的博物馆展陈都会选择一定的科技手段来辅助展览。除了科技手段的辅助，一部分博物馆转变布展思路，向着更为国际化、现代化、娱乐化、市场化的方向发展，但还有一部分博物馆仍然依照传统的布展思路进行展陈，因而造成了博物馆参观人数及影响力上较大的差异。

一、传统型＋全媒体技术手段辅助

四川博物院是这一类展陈方式的代表。在展厅中，艺术文物展品按照传统的博物馆展厅形式布局，文物的展示以介绍文物的历史人文知识为主，并在视觉上以最大可能性清晰明了地展示文物的现状。但四川博物院非常注重用全媒体技术手段辅助展览，以此加深参观者对文物知识的理解。如在展示古人的石器制作水平时，展厅在展品展示柜旁以动画的形式简单生动地还原了古人的石器制作过程，这比单调的声音解说更能促进参观者的理解。

为了让参观者对常人眼中古板单调的文物产生兴趣，四川博物院还专门开发了与文物相关的互动小游戏。四川博物院中有一幅张大千《临摹晚唐劳度叉斗圣变图轴》，图画内容据《贤愚经·须达起精舍品》绘制，讲的是古印度舍卫国大臣须达以黄金铺地购得祇陀太子的园地，欲建立精舍，请佛说法的故事。但六师外道依仗国王权势反对建立精舍，提出约佛斗法，以斗法胜负决定是否建立精舍。外道劳度叉出战，佛弟子舍利弗应约斗法。在展示这幅图时，博物馆特意在展厅中规划一角，在多媒体互动大屏演示类似《街头争霸》的单机游戏，画面中打斗的主角是劳度叉和舍利弗，参观者可以站在屏幕前的互动点上，依据手势的变化进行格斗游戏。屏幕旁写着这个故事的前因后果，方便参观者了解佛经中这个流传不广的故事。

虽然四川博物院在展厅中大量地使用了科技手段以帮助参观者了解文物知识，但从整体上来看，博物院利用全媒体声画手段展现的视听内容大多针对青少年，这虽然可以达成对青少年进行文博科普的目的，但另一方面则无法满足成年观众的审美需求。

审美主体的审美接受心理有其发展过程，审美层次越深越需要审美主体主动积极地调动其主观意识，参与到高层次的审美活动中。因此，博物馆不能只是单纯地使用科技辅助认知手段，这固然能在参观者的知识记忆上发挥作用，但无法促成参观者达成具有审美性的精神认知。

二、沉浸式场景再现型＋全媒体技术手段辅助

成都博物馆是此类展陈方式中的佼佼者。在其众多的展厅中，有三分之二的文物展示是以场景再现的方式，将过去的时光以具体的环境置景凝固下来，引领参观者置身其中，将所有感官沉浸在不同于日常生活的时代氛围中，以刺激参观者产生深层次的审美活动。

成都博物馆（沉浸式展厅）

在展现成都近现代商业文化时，成都博物馆将当时春熙路北口的商业场（旧时叫劝业场）牌坊以1∶1的比例还原到展厅入口，参观者步入其中，就犹如来到了旧时繁华热闹的商业中心。展厅中展示的各类文物也不再是冷冰冰的历史遗迹，而是曾经鲜活地摆在展柜供人买卖的生活物品，每样展品的背后都有着充满悲欢离合的动人故事。

在展示川菜文化时，成都博物馆将旧时饭店厨房中的所有物件——大到铁锅、火灶，小到调料、餐具，全方位地置于展厅中。参观者游于其间，不用文字诠释，就能体味到"一菜一格，百菜百味"的川菜特点。

除了再现场景之外，成都博物馆更是在布展时引入全息影像技术。如在展现成都旧时茶馆和饮食文化时，展馆利用全息影像展示茶馆喝茶片段与一盘川菜诞生的过程片段，既真实（影像记录带来的真实感），又艺术（茶馆喝茶的片段尺幅缩小，如同小人国中的微观世界）。一盘川菜的诞生还以漫画的形式展现出来。这些全媒体技术的应用过程不只是单纯的技术辅助，而是渗透着中国特色审美理念的艺术再创作。

三、遗址现场型＋全媒体技术手段辅助

金沙遗址博物馆的展陈方式充分利用了考古发掘现场，在遗址现场的基础上设计参观者的行动轨迹，让参观者可以深入平日难以触及的考古现场一探究竟。当参观者步入考古现场的深处，透过钢化玻璃上看脚下的文物时，会有极其强烈的现场感，考古现场的遗迹信息大大超过了静置在玻璃展柜中的展品所能提供的信息。

在遗址现场型＋全媒体技术手段辅助展示方式中，其"异域氛围"的

打造，不是依靠对过去时光的氛围重现，而是利用了普通民众对特殊工作环境的陌生感（对于熟悉的环境，人们会降低观察力，感觉器官的敏感度也会随之降低），帮助参观者打开知觉通道，触发审美心理中的想象阶段和领悟阶段。

第四节　文博艺术空间的图像转化

今天文化产业早已将文博领域内的众多精品文物打造为图像 IP，进行商业开发，如金沙遗址博物馆中的太阳神鸟、成都博物馆的石犀牛和金香囊等，它们中有的化为视觉符号参与对外的文化宣传；有的以日常商品的形式，为大众的生活美学添砖加瓦。根据目前已有的资料，我们可将成都市公共文化空间中的图像转化分为三类。

一、无形式变化

在重大事件或活动中，一般情况下，在对文物进行图形转化时会最大限度保留文物原有的造型特征，或是完整呈现文物的原貌。金沙遗址出土的太阳神鸟金饰被用作中国文化遗产的标志，也是天府立交桥上的宣传图示，它代表着官方形象，也是成都对外的历史文化象征，因而在进行图像转化的过程中，无需过多的图像变形或附加更多的其他含义，最大限度地呈现文物原形即可。

二、变化形式

当博物馆展陈空间中的图像进入商业领域时，为了符合大众的审美取向，需要适当地对文物图像进行变形处理，以符合消费市场中目标受众的审美心理，从而刺激购买行为的发生。例如，成都博物馆中的石犀牛圆雕和说唱俑像，在用于日常生活品时，就需要针对目标消费群体的心理需求，重新设计图像。石犀牛钥匙链、说唱俑软笔都以漫画式的夸张手法凸显出石犀牛和说唱俑原物形象的呆萌可爱，并为其着色（文物原型是没有颜色的），这样一来就更符合年轻受众的审美需求。

当文博图像以服务公众日常审美的目的进入生活场景时，需要对文物图像做出转化或二次创作。这时文物变形的程度会更大，有的甚至只是借用文物原型的精神内核进行二度创作。这是因为以艺术审美作为再创作的出发点，其可探索改变的外在形式范围远大于基于文物外在形式进行创作的范围。

陈列在成都宽窄巷子井巷子小洋楼广场前的《当代说唱俑》雕像（刘世军作品），借用的仅是雕刻者对说唱俑内涵的理解，"它也如古代说唱俑那样，用夸张的动作和形态，掩饰着内心的不安与孤独。当代的人们，从本质上来讲，与说唱俑有什么区别呢？都在自己的工作或生活中，扮演着各种各样的'说唱'角色"（刘世军语）。人们可以发现，这组雕塑与汉代说唱俑相比较，其外在艺术呈现有极大不同，原文物给人的视觉印象是憨厚、喜庆的，但《当代说唱俑》在视觉上追求的是视觉奇观与现代感：在20个说唱俑中，每一个都高达3米，雕塑的面部浑圆一体，没有特征，象征着当代社会中每一个扮演"人设"的自己。雕刻者更是特意在雕塑上加上极具特点的牛尾式发辫，在造型上突破了原作的特征，形成了自己的独特的艺术符号。如不加以说明，有些参观者甚至不会将这组雕塑与汉代说唱俑联系在一起。

可见文博图像的转化与二次创作的内涵是深刻的，创作者不仅可以简单变化原作的外形，更可以提炼文博图像视觉符号下的精神内涵，使其穿越千年，以更能为现代人接受的审美形式呈现在当下的时空中。

三、借鉴视觉元素重组

在对文物形象进行转换时，也可以将文物中的部分视觉要素提炼出来，与其他具有代表性的符号特征重组，重构后形成全新的视觉形象。例如，成都博物馆开发的 BOBO PANDA 系列的挎包。该系列是将汉代砖画像中的部分图案提取出来，与大众接受度较高的熊猫形象结合。这种图案与图案之间的碰撞，带来了单一图像无法达成的审美趣味。熊猫像人一样与汉代砖画像上笔法写意的人形互动，风趣幽默，意味无穷。

一般来说，这种方式适合于重组的图案要素里既有家喻户晓的视觉符码，也有知名度不高的新的视觉符号。这样一来，消费者既能在审美上获得新鲜感，又能体味到文创产品中的文化内涵。

第五节 文博艺术空间图像接受和交往的总体特征

成都市文博艺术空间以巴蜀文化为精神内核，在传统展陈方式的基础上着力加强沉浸式展陈与人机互动式展陈，强调参观者在审美活动中的主体地位，意在使参观者能在感知、意识、观念等多个认知层面感受或理解天府文化创新创造、时尚优雅、乐观包容、友善公益的精神内涵。

一、成都市文博艺术空间的展陈特色与效果

2021年发布的《成都市国民经济和社会发展第十四个五年规划和二〇三五年远景目标纲要》提出，成都市要"着力提升城市发展软实力，塑造天府文化独特魅力"。成都文博艺术空间的展陈特色就突出展现了成都天府文化创新创造、时尚优雅、乐观包容、友善公益的精神内核。

成都市文博艺术空间的具体特色主要体现在两个方面。一是充分利用沉浸式的展陈方式展现巴蜀文化中的乐观包容、友善公益，让普通观众在身处其中时，可以直观体会巴蜀文化的魅力。例如，在"云想衣裳——丝绸之路服饰文化特展"中，展厅通过营造沉浸式的整体场域氛围，触发参观者的想象阶段，让参观者可在短时间内沉浸在"时空氛围"之内。在展厅内专门安置巨型屏幕，不断变换展示与丝路服饰相关的图像符号。二是利用多媒体技术介入成都市文博艺术空间，将成都市作为"新一线"城市具有的与时俱进、创新创造、时尚优雅的都市精神展现在市民面前。例如，博物馆在展示古人的房屋建构时，将建筑过程投屏，以方便参观者了解房屋建筑的过程。

二、成都市文博艺术空间图像转化后的交往路径

2017年8月，成都成为第34个加入世界文化名城论坛的城市。但要想真正升级为世界文化名城，除了城市本身硬件配置的升级外，市民文化

素质的提升也是重中之重。

成都市文博艺术空间中的图像在转化为文创产品或艺术衍生品后，不仅能让普通市民通过这些图像对成都历史文化有所了解，还可以让市民的日常生活包裹在既有历史文化底蕴又有现代审美外观的符号之中，让市民感知、理解、沉浸在生活美学的感性认知中。受众可以通过具有现代审美外观的符号去读懂自己所处的或还未曾去过的生活空间中"物"与"人"、"人"与"景"、"人"与"人"的互动。文物图像转化后的交往路径通常可以分为三个阶段。

一是接受阶段。这是普通市民面对图像转化后的第一阶段，是图像交往路径上的首要关卡。如果原图像的转化在参观者的生理感知上不被接受，则后续的图像交往阶段也不会到来。

成都市文博艺术空间中的图像是巴蜀大地千年文明的积淀，当其处在博物馆这一特定的空间中，是一种"自然"的存在；但如果离开特定的空间，进入当下的日常生活空间中，并转化为文创产品或艺术衍生品时，则需要针对不同的使用目的、不同的受众心理对原图像进行处理。比如说，公交车站景观设计、石犀牛钥匙链和说唱俑软笔都以漫画式的夸张手法凸显原物形象的呆萌可爱，就是为了更符合受众的审美需求。

二是认同阶段。当图像转化的外在形象被市民接受之后，图像转化的精神内涵能否被市民习得、认可，则需要考虑这种转化是否找准了转化原型，其原型内涵与成都市民的集体精神是否匹配？例如，在成都大街小巷都能看到各式各样的说唱俑图像。说唱俑原型传达的乐观积极的生活态度与城市文化底蕴中的"乐活"观念相一致，因此往往能得到市民心理上的认可。

三是反思阶段。这是图像转化后审美主体与审美客体互动的最高阶段，不是每一次交往活动都能达到这一阶段，这是主客体相互对象化的结果，需要艺术的手段和更高层次的艺术观念的介入才能达到。例如，陈列在成都宽窄巷子井巷子小洋楼广场前的《当代说唱俑》雕塑，在视觉上追求视觉奇观与现代感，形成了创作者自己的独特的艺术符号，参观者可以借此反思"都市中的你我是不是也在用夸张的动作和形态，掩饰着内心的不安与孤独"。

第六节 解决策略与建议

成都市内的文博艺术空间经过几十年的发展，已根据各自文物的特点，打造出了独具特色的文博审美空间，也进行了初步的图像转化活动。但在文博艺术空间布展理念不断进步的同时，仍然有更进一步改进优化的空间，为此，笔者提出以下几点建议。

一、选择适合年轻人的展陈方式

如今，文博艺术空间的主要受众已发生明显的变化，年轻化的参观者们已将"逛博物馆、美术馆"作为他们日常生活仪式的一部分。传统的、注重知识传递的展陈设计已满足不了参观者想要获得情感与精神上的高层次享受的要求。

建议成都市各文博艺术空间在设计理念上注意凸显文物的审美价值和情感表达，环境氛围装置物的设计应当尽可能地视觉化（凸显文物的图像特征）、叙事化（展厅有整体氛围设计意识，注意文物与文物之间的关联）、场景化。

二、打破封闭式展陈空间

成都市各文博艺术空间往往是封闭、互不兼容的。如果能突破空间的限制，实现时下年轻受众最为喜闻乐见的"梦幻联动"，或许可以让文物与文物碰撞出新的意义。例如各大博物馆根据同一主题联手推出特展，共同推出文创产品等。

三、突破文化地域限制

每一个地方性的博物馆的展品往往带有浓厚的本土特色，这也是地方性博物馆风格形成的根本。但这种本土特色也是阻碍其做出突破的绊脚石。如何在全国范围内提升成都市代表性文物的影响力，提升成都市对外宣传形象符号的认知度，是目前地方性博物馆亟待解决的问题。

建议各地方性博物馆以社交媒体和短视频为切入口，创造全国性的媒介事件（如各博物馆推出的景点特色雪糕，经由社交媒体的推波助澜，从商业行为变为文化输出），以突破地域文化的限制。

四、注意图像转化方式的多样化

成都市文博艺术空间的图像转化从目前来看，转化手段还较为单一，绝大部分转换是将单一的原型图像变形。采用视觉元素重组的方式进行转化的文创产品比较少见。以视觉元素重组式方式进行原图重构，可以使符号与符号碰撞出新的意义，是符合了当下年轻人潮流的"破次元的梦幻联动"。

成都市文博空间在进行文物的图像转化时，可以与省外相关单位联合改编、开发与营销。

第四章

乡村文化空间的培育与建设

第四章

第一节 何为乡村文化空间

乡村文化空间是重要的乡村文化载体，也是乡村文化能够得以发展、传承和再提炼的重要空间场域。随着我国城乡协调发展的不断推进，政府对乡村文化建设的关注增加，乡村文化建设成为乡村振兴战略的重要一环。乡村文化空间的建设及其发展与城市中的文化空间建设有差异，但也有可以融合的地方。本章首先从乡村文化空间的内涵、历史发展等方面进行回顾，找出乡村文化空间的独特性；其次分析成都市周边乡村文化空间如何保持在地性，并从城市文化空间建设中取长补短。

一、乡村文化空间的历史发展

中国乡村文化空间由来已久，可以追溯到古代村落中的公共场所，其主要目的是举办乡村内公共政务活动。在传统社会，乡村文化空间大多由村落成员集资建设。此类空间作为人们进行社会集体活动、展开社交活动以及宗教、文化等方面实践的场所，是中国古代乡村社会的重要组成部分。

祠堂：在中国古代乡村社会中，由于家族关系紧密，祠堂等公共活动场所都与家族有直接关系。许多古代村落的建筑群均以祠堂为核心，向周围逐渐扩散形成公共空间。祠堂是中国传统文化的重要载体之一，它不仅是家族守望祖先信仰的场所，也是政治、经济、文化交流的平台。

会馆：会馆是举行民间信仰活动的场所，是中国古代乡村社会重要的公共空间。"会馆"有三个基本功用：一是宗教信仰的场所，二是社会活动的场所，三是文化传承的场所。在中国南方地区，许多乡村都有不同形式的会馆，其中以福建、广东、台湾等地较为典型。

随着时代的发展，这些公共场所的功能逐渐发生改变，或是又附加了新的职能功用。但无论如何变化，这些场所都是乡村中最早的有文化传承功能的空间。

改革开放以来，中国乡村经济快速发展，乡村文化建设进一步提升。在改革开放的影响下，较为先进的城市文明成为乡村建设早期的学习对象，乡村生活也逐渐呈现出新的面貌。于是，人们在进行乡村物质文明建设的同时，也开始关注乡村文化建设。闻名全国的华西村在乡村经济快速发展的基础上，制订了一系列乡村文化发展计划，包括"村规民约"的修订、文化场所的建设、文艺团体的组建等。这些计划旨在保护和弘扬华西村的传统文化，同时吸引游客、投资和人才，推动当地经济和社会的发展。华西村还通过建设文化场所来推进乡村文化建设。他们建造了"云峰书屋""碧水轩""印象华西"以及乡村文化博物馆、非物质文化遗产展览馆和艺术家工作室等文化场所。这些场所都有自己的特色，如图书馆提供各类阅读资源，博物馆展示了华西村的历史和文化，艺术家工作室为村民提供了学习和交流的空间。除此之外，华西村成立了多个文艺团体，如华西合唱团、华西音乐舞蹈队、华西戏剧团等。这些团体通过定期排演和公演，来丰富村民的文化生活，同时向外界展示了乡村文化的魅力。华西村通过一系列创新举措，推动乡村经济和文化的发展，弘扬传统文化，提高农民的文化素养，营造出积极向上的文化氛围。这些成功经验对其他地区的乡村文化建设和发展都有着较大的参考价值。

21 世纪初，随着城乡一体化进程不断加快和乡村振兴战略的推进，中国的乡村文化空间建设进入一个新的时期，也呈现出了一些新的特点和趋势。各地政府、企业和社会组织也纷纷投入资金和精力，积极开展乡村文化空间建设工作。例如，峨眉山市、雅安市、什邡市等地都建立了农家书屋、文学馆等文化空间，吸引更多人关注乡村文化。2018 年 2 月，中共中央、国务院印发了《乡村振兴战略规划（2018—2022 年）》，明确提出要加强乡村文化建设，建立多种形式的乡村文化体育设施，提升乡村文化生活水平，为乡村振兴注入强大的文化动力。此外，还有一些新型文化企业或社会组织投入乡村文化建设中，如盒马鲜生、喜马拉雅 FM 等，为乡村带去新的消费体验和文化氛围。

通过对中国乡村文化空间历史的回顾，可以发现乡村文化空间的发展经历了从"模仿城市"到"回归本土"的发展脉络。城市文明有值得借鉴的地方，但乡村文化空间所处的地理环境、人文风貌和目标群体与城市有很多差异。因地制宜地分析乡村文化空间的内涵，找准乡村文化发展的核心，才能在保持其本土特色的基础上，有的放矢地学习城市文化空间的建设经验。

二、乡村文化空间的内涵

乡村文化空间的第一层内涵是指乡村地区内用于文化活动、文化交流和文化传承的场所，这是可见的物质空间，既包括村居、农家书屋等社区文化设施，也包括古村落、庙宇、传统工艺坊、民俗文化活动中心等传统乡村文化场所。第二层内涵则是指在乡村经济模式的基础上存在的本土化人文景观。这些景观可能散落于乡村生活的各个方面，因而需要有组织、有计划、成体系地收集聚拢，进行可视化的空间打造。

乡村文化空间可分为可见的物质空间，以及不可见的、有待提炼汇集的乡村本土精神空间。

乡村文化空间具有以下几个特点。

（一）具备本土性，贴近乡村居民生活

与城市文化空间相比，乡村文化空间在地理位置与心理距离上更靠近目标群体。从乡村文化空间的历史发展过程中，可发现其大多数文化空间是从与本地人生活息息相关的场所中转化过来的（祠堂、会馆、庙宇），保留了当地浓厚的本土色彩。

（二）吸收现代文化

乡村文化空间不仅传承了当地的传统文化元素，同时也学习了现代文化特别是城市文明这样的强势榜样。乡村文化空间是传统文化与现代文化交融的产物，体现了中华文化的历史沉淀和时代变迁。

（三）基础教育与群众文化活动相结合

乡村文化空间不仅是基础教育的场所，也是丰富多彩的文化活动的场所。在这里，人们可以学习知识、欣赏文艺作品、进行体育锻炼、开展志愿服务。

近年来，中国的乡村文化空间发展取得了显著进步，但仍然存在不少问题和挑战。例如，一些地方的乡村文化空间建设过于依赖政府投资，市场化运作还不够充分；5G、VR、AR 等技术尚未得到广泛应用。乡村文化空间的数字化建设还有很多探索空间。

今后，我们需要继续加强乡村文化建设，创新机制，提升服务质量，增强农民的文化自信。只有这样，才能更好地满足群众文化需求，促进乡村文化全面发展。

三、乡村文化空间与城市文化空间的差异

乡村文化空间与城市文化空间是两种不同的文化空间。无论是形式还是内容，都有很大的不同。在这一小节，笔者重点探讨这二者之间的不同，分析出如何在保持乡村文化的本土特色基础上，因地制宜地学习城市文化空间的建设经验。

（一）形式上的差异

一是建筑风格的差异。城市文化空间的建筑风格受到现代主义的影响，兼具东方传统的风格。例如超高层建筑、商业中心、公寓楼、大型购物中心、娱乐场所等。乡村文化空间的建筑往往在原有建筑的基础上进行改造，以传统民居建筑为主体，如土木结构、花园、庭院等。

二是空间布局的差异。城市文化空间是城市建设的重要组成部分，在建设之前，会进行合理的设计规划，以适应城市中人口密度大、土地有限等状况。城市文化空间的布局通常更加紧凑，需考虑城市交通情况。相比之下，乡村文化空间的布局较为宽敞、自由，主要以改造旧有的社交活动空间为主，在空间布局上会考虑就近，与乡村居民日常活动的动线紧密关联。

三是空间装饰的差异。城市文化空间的装饰大多采用新颖时尚的设计，例如LED灯光、彩色墙壁、现代艺术装置等。乡村文化空间的装饰则更注重自然风格和传统元素，例如麻绳编织的网窗、门框等。

四是规模的差异。城市文化空间为了适应城市内高密度的人口，一般内部空间相对较大。反之，乡村文化空间相对较小，一般为简单的房屋或建筑，如农家乐、怀旧建筑等。规模上的差异也导致城市和乡村文化空间的室内结构和区域分布都有着不同的特点。

（二）内容上的差异

一是文化性质的差异。城市文化空间的基础是现代化的产物，主要以商业、娱乐、艺术为主。由于城市人口密度大，所以文化活动也非常丰富，有音乐、电影、舞蹈、戏剧、博物馆、画廊等。而乡村文化空间是一个更加注重保护传统文化和生态环境的地方，主要包括祭祀、手工艺制作等文化形式。

二是生活方式的差异。城市文化空间的生活方式是现代式的，注重消费，生活节奏快。反之，乡村文化空间的生活方式更加安逸，注重农业生产和文化传统，以及自然环境的保护和保养，是人们休闲度假的理想场所。

三是价值观的差异。城市文化空间的价值观念多以商业、个人利益和竞争为主，追求物质享受、金钱。乡村文化空间的价值观念则注重家庭、社区和传统文化，强调合作、互助和共同发展。

综合以上分析，可以看出乡村文化空间与城市文化空间在形式和内容上都有很大的不同。城市中高楼林立，非常繁华；而乡村则更加自然闲适，适合休闲度假。城市文化空间的文化性质更多是现代主义式的，而乡村文化空间则注重生态保护和传统文化的传承。

玉林四巷·爱转角主题文创街区

四、保持乡村本土特色，兼容城市建设经验

乡村文化是展现我国多元文化并存的重要文化资源之一，拥有独特的历史文化底蕴。在全球化浪潮的洗礼下，城市化进程逐年加速，乡村生态环境和人力状况早已随之发生根本性的转变，乡村逐渐失去特有的文化传统，乡村中人们的生活方式也发生了重大改变。为了使乡村文化能够焕发新的生机和活力，我们需要在保持其本土特色的基础上，学习和借鉴城市文化空间的建设经验，以推动乡村文化发展和传承。

（一）充分发挥本地资源优势

乡村文化空间要想发挥自己的独特魅力，就需要充分考量自身的优势和特点。在各大城市景观趋同的背景下，乡村文化空间想走出差异化道路，只能充分借助当地的自然环境和人文资源。乡村文化空间的建设应该考虑自然环境、地域文化、民俗风情等因素，突出本土特色，弥补城市文化空间中缺失的自然风光、传统文化、民间艺术等元素。立足本土资源，吸收城市文化空间的技术经验，利用先进的科技手段改善当地的交通、通信等基础设施，以提高乡村文化空间的整体品质。

（二）注重城乡互联互通

乡村文化空间在保留自身外部形态特色时，也需要重视城乡之间的互联互通。在这个过程中，可以通过网络等现代科技手段，将城市的文化元素融入乡村，为乡村文化的发展带来新的可能和机遇。例如，利用现代互联网信息技术，引入多样态的自媒体传播方式，可以将当地的历史文化、民俗风情、美景美食等进行宣传和推广，吸引更多的游客和观光者前来参观品鉴，推动当地文化产业的发展。

（三）注重人才培养和创新驱动

乡村文化空间的建设需要有一支朝气蓬勃、富有创新精神的人才队伍。乡村地区既要培养和吸引本地优秀的文化工作者、设计师、创意人才等，也应该借鉴城市人才的管理模式，提高员工的素质，培训其职业技

能，引导其树立敬业精神等，推动文化产业发展得更快更稳。此外，乡村地区也应该注重文化创新驱动，鼓励并支持文化产业的创新发展。可以通过设立文化创意孵化器、推动文化与科技的深度融合、建立创新型企业等方式，来推动乡村文化的高质量发展。

（四）注重政策扶持和资金支持

为了推动乡村文化空间的发展，必须有政策和资金的支持。当地政府可以采取多种措施，如制订有关乡村文化空间的专项规划，加强法律保障，大力发展文化创意产业，吸引外来投资，让广大民众感受到政府对乡村文化空间的重视。同时，政府也应该加大对乡村文化空间的投资，加大对当地文化产业的扶持力度。

总之，乡村文化空间和城市文化空间有着各自的优势和特点。在建设乡村文化空间的过程中，我们可以借鉴城市的经验和技术，但也要保持乡村的本土特色和独特魅力，注重人才培养和创新驱动，加强政策扶持和资金支持，不断推进城乡文化交流和合作，促进乡村文化的高质量发展。

第二节　乡村文化空间的培育标准与建设原则

随着社会经济的发展，年轻人到城市工作和生活成为普遍现象，这必然导致乡村人口的流失。为了促进乡村振兴，我们需要挖掘和培育乡村文化空间，弘扬乡村文化，提升乡村文化氛围。笔者将寻找中国可挖掘的乡村文化空间，并探究乡村文化空间的培育标准。

一、可挖掘的乡村文化空间

（一）古村落

古村落具有丰富的文化遗产和独特的历史风貌。典型的古村落有安徽西递、福建土楼、浙江乌镇等。这些古村落之所以能够保存下来，与当地居民的努力传承息息相关。

（二）庙宇

庙宇是中国传统文化的重要载体之一，在乡村中也具有非常重要的地位。庙宇不仅是信仰和祭祀的场所，同时也是展现中国传统建筑艺术的重要场所。典型的庙宇有南京夫子庙、嵩山少林寺等。

（三）农家书屋

农家书屋是乡村文化空间中一个比较新兴的概念，它由政府和社会力量共同建设。农家书屋既可作为图书馆和读书室，又可作为乡村文化交流和展示的场所，使更多农民能够接触到先进的文化思想。典型的农家书屋有四川宣汉县智趣书屋等。

（四）传统工艺坊

传统工艺坊是传承中国民间传统文化不可或缺的一部分，充分体现了中国传统文化的美学。传统工艺坊有蜡染、刺绣、纸雕等技艺，这些工艺品在当地乡村中得到广泛使用，也成为吸引游客和促进农民增收的产品。典型的传统工艺坊有贵州镇宁苗族彝族县布依族刺绣等。

（五）民俗文化活动

民俗文化活动是乡村文化空间中非常重要的一部分，包括庙会、赛龙舟、打秧歌、放孔明灯等各种形式的传统文化活动。这些活动不仅体现了当地的乡土文化，同时也吸引许多游客前来感受乡村的文化氛围。典型的民俗文化活动有湖北黄陂区荆竹山庙会等。

二、乡村文化空间的培育标准与建设原则

（一）培育标准

（1）本土性。乡村文化空间必须具有浓厚的本土性，与城市文化空间有差异，才能充分发挥其独特的文化教育功用，更好地吸引和服务游客。

本土性的发掘不能仅以外在观感为依据，更要挖掘提炼本土文化中的多元价值，以更高层次的精神文化来体现本土性。

（2）文化内涵要跟上时代的要求。乡村文化空间中的文化氛围既要有中国传统文化的底蕴气质，也不能违背新时代中国特色社会主义核心价值观。要学会去粗取精，摒弃封建糟粕，适应新时代的发展与变化。

（3）空间可持续。乡村文化空间与乡村居民的生活空间紧密结合，在进行乡村文化空间建设的同时，必须考量生态环境的可持续性，不能以破坏环境为代价刺激经济的发展。在选择乡村文化空间的培育项目时，应尽量考虑在旧有的原始空间内打造，并考虑到长期使用的可能性，确保该文化空间能真正产生效用。

（4）扩大目标群体，降低参与门槛。乡村文化空间所处的地理位置决定了它的受众。考虑到这些具体的情况，乡村文化空间在培育期间，应广泛征求当地民众的建议，尽可能扩大参与群体，利用媒介手段减低参与者的参与门槛。

（二）建设原则

（1）多样性原则。为了提高乡村居民对乡村文化空间的满意度，在进行空间建设时，要考虑到该空间的物质承载体能否符合多元内容的要求。乡村文化空间不应该只是单一的书籍阅读载体。

（2）适宜性原则。在空间功能和美观性不受影响的情况下，乡村文化空间要尽量结合当地的文化环境，加入地域性和民族性因素，拉近与当地受众的审美心理距离。

（3）效益性原则。乡村文化空间在注重公益性的同时，应引入市场机制，创造更多的经济效益，以实现乡村文化空间的长效发展，更好地服务乡村居民。

（4）共享原则。乡村文化空间建设的最终目的是保护传统文化，传承中华非物质文化遗产，提高乡村居民文化素养，刺激乡村经济可持续发展。因此，乡村文化空间应该创造公共产品，为广大乡村居民提供相应的服务，并开放给社会群众使用，形成共享的文化空间。

以上标准和原则是乡村文化空间建设的基本指导方针，旨在创造出更加适合当地需求和文化特点的公共文化服务空间，推动乡村文化建设，促进中国乡村经济和社会的发展。

第三节 成都市乡村文化空间个案研究

成都市是中国西南地区的重要城市之一，也是国家历史文化名城。随着城市化和现代化的不断推进，成都市周边的许多乡村地区也面临着经济发展和文化传承方面的挑战。为此，成都市人民政府开始重视乡村文化空间的建设和发展。本节以成都市为例，探讨了成都市乡村文化空间的现状和特点，并结合具体案例分析其发展、创新和应用，最终提出相关建议。

一、成都市乡村文化空间的特点

成都市乡村文化空间的特点主要包括以下几个方面。

（一）传承性与多样性

成都市乡村文化空间重视对当地传统文化的传承工作，以弘扬传统文化，激发民众的文化意识。在乡村文化空间的建设和发展过程中，政府引入不同形式、不同体制的文化产业，增加乡村文化空间形式与内容的丰富度。比如成都市金堂区的五凤溪古镇，位于成都市金堂区北部，距离成都市区约60千米。五凤溪古镇是一座历史悠久、文化底蕴丰厚的小镇，被誉为"川西小江南"。该镇历史悠久，拥有许多文化遗产，包括明代城墙、古牌坊、清代民居等。在古镇可以找到大量的传统手工艺和文化元素，如蜀绣、红油锅、糍粑、苍蝇头等。

为了促进五凤溪古镇的文化传承和发展，成都市人民政府进行了一系列文化空间改造和升级工作。其中最具代表性的就是五凤溪古镇的灯光秀。每年重大节日或活动期间，五凤溪古镇的广场和街道就会变成一片色彩斑斓的灯海，吸引成千上万的游客前来观看。五凤溪古镇的灯光秀不仅促进了当地旅游业的发展，也让游客更好地领略了五凤溪古镇的传统文化和历史景观。

（二）原生态

相对于城市空间，成都市乡村文化空间更加注重原生态的呈现，既保护自然环境，增强了人们的绿色生态意识，也节约了物力成本，可以做到低成本高回报。天马镇位于成都市温江区东北部，距离成都市区约40千米。天马镇是成都市历史文化名镇之一，拥有悠久的历史和丰富的文化资源。近年来，成都市人民政府在天马镇进行了一系列文化空间升级和改造工作，其中最具代表性的是天马镇的"文化长廊"。天马镇的"文化长廊"是一条连接各个文化景点的步行道路。沿途的景点包括历史文化遗迹、传统手工艺工坊等。在这里，游客可以领略到天马镇的风土人情、历史文化和民俗风情。同时，沿途还设置了宣传牌、石碑、地图等引导标识，提高了游客的旅游体验。

二、成都市乡村文化空间三圣花乡案例分析

（一）三圣花乡简介

三圣花乡是成都乡村文化空间建设最为成功的、值得分析学习的案例。三圣花乡是成都市郊著名的花卉基地。该地区气候宜人，水源丰富，适宜花卉生长。自20世纪90年代开始，当地开始发展花卉产业，并逐渐形成了以种植、研究、销售、旅游为一体的花卉产业链。目前，成都三圣花乡已成为全国乃至世界级的花卉产业基地。在花卉种植的基础上，三圣花乡着力打造空间艺术氛围，先后建造了"江家菜地""荷塘月色""幸福梅林""东篱菊园"等景点，改造村落有驸马村、万福村、红砂村、幸福村等。在自然景观的基础上，三圣花乡又引入了艺术创意产业基地，如蓝顶艺术中心、许燎源现代设计艺术博物馆。

(二)三圣花乡的成功之处

1. 强调文化内涵

成都市三圣花乡注重培育文化内涵。在景点建设中大量采用四川传统建筑风格,通过传统建筑、园林景观、特色文化活动等方式,展现了成都的民俗文化和地方特色。这一做法不仅可以吸引游客,还能够保护和传承当地文化。

2. 实现差异化竞争

成都市三圣花乡在发展过程中注重实现差异化竞争。如将花卉产品进行差异化定位和品质提升,不断开发新品种,并通过全球采购以及跨界联展等方式打造独特的花卉。这一做法使得前往成都市三圣花乡的游客除了能欣赏美丽的花卉外,还能够感受到这里的与众不同之处。

3. 强化品牌形象

成都市三圣花乡注重强化品牌形象。通过全球市场的开拓,加强与国际知名品牌的合作,逐步打造出了"花卉专业基地"的品牌形象。这一做法不仅能够提高品牌的知名度和美誉度,还能够吸引更多的游客前来参观。

4. 提供优秀的服务

成都市三圣花乡不断优化服务体系,提升旅游服务质量。通过推广景区精神文明建设,提高员工服务技能,建立完善的售后服务制度等方式,不断提高游客的满意度。这一做法也是成都市三圣花乡在竞争中获胜的关键之一。

(三)三圣花乡文化空间建设经验

一是提升文化价值。成都市三圣花乡要从深处抓住文化,挖掘历史文化,打造文化生态圈。比如,举行传统节日活动、民俗表演、艺术展览等活动,使游客能够深刻体验当地的历史文化和民俗风情。

二是创新旅游业态。成都市三圣花乡应该通过创新旅游业态来吸引更多的游客。例如,可以建立特色花田体验、DIY体验、农家乐、婚庆服务等形式来增加游客的体验感和参与度。

三是改善设施。成都市三圣花乡应该加强基础设施建设，提升整个区域的服务水平。如建设更好的交通线路、改善供水供电等基础设施，提高当地的旅游服务质量。

成都市三圣花乡展示了如何通过强调文化内涵、实现差异化竞争、强化品牌形象和提供优秀的服务等方式来打造乡村文化空间。未来，成都市三圣花乡需要不断探索新的发展模式，加强基础设施建设，实现可持续发展。其他地区也可以从成都市三圣花乡的成功中吸取经验，共同推动乡村文化空间的发展。

第四节 成都市可供培育的乡村文化空间

一、乡村地区可供培育的文化空间

（1）图书馆服务站。在乡村地区可以建设一些规模较小、服务范围较窄的图书馆服务站，可为当地村民提供基本的阅读和信息服务；同时也可以开展一些与农业生产、乡村文化有关的主题活动和展览。

（2）文化广场。可以在当地重要街道或广场设置文化宣传牌、文化展板等，举办各类文艺演出、展览和互动活动，增加乡村社区的文化氛围。

（3）传统手工艺体验馆。在当地建立手工艺品制作工坊和体验馆，可以以竹编、蜡染、木雕等为主题，在传承当地民间文化传统的同时，也可以产生一定的经济效益。

（4）文化乡村旅游景点。将乡村景区和农业村庄打造成拥有浓郁地方特色的旅游景点，通过乡村美景、美食、民俗表演等方式吸引游客，推动当地经济发展。

（5）农民电影院。建设可以容纳百人观看的农民电影院，播放一些有教育意义、有启发性的电影，鼓励当地居民通过自己的方式参与电影节目的制作。

二、对川西林盘的培育建议

（一）川西林盘简介

川西林盘的乡村居住环境是最有特色和具有较大改造潜力的自然形态。川西林盘地处成都平原向川西丘陵的过渡地带，自然风貌多样，耕地河流交错，周边有竹林与乔木类植物，形成了复合型的人文地貌景观，使得当地的农村生活如处田园画卷。

（二）川西林盘的现状

虽然川西林盘拥有丰富的文化资源，但由于交通不便、设施落后等因素，当地旅游业发展缓慢。目前，川西林盘的旅游业主要以传统的生态旅游和文化旅游为主，缺乏创新性和多样性。同时，当地居民缺乏创业意识和市场营销能力，很难将川西林盘打造成一个旅游热点。

（三）川西林盘的文化空间建设

塑造品牌形象。对于川西林盘，我们应该通过系统、全方位的宣传来树立品牌形象。具体来说，可以利用网络媒体、宣传片、图片展示等手段向外宣传川西林盘的自然风光、历史文化、民俗风情、特色美食等内容，吸引更多的游客前来旅游。

加强文化交流。川西林盘应该加强与其他地区的文化交流。这可以促进两地之间的交流和互动，推动文化传播和交流。例如，川西林盘可以邀请其他地区的音乐家、艺术家等来到当地演出，或者与其他地区的文化组织合作举办文化节。

创新旅游业态。川西林盘应该以创新的旅游业态来吸引更多的游客。例如，可以通过打造主题公园、农家乐等形式来提升游客的体验感和参与度。同时也可以发掘本土文化，如藏绣制作、彩绘木雕等，打造具有当地特色的文化艺术品牌，为游客提供更多选择。

改善设施。为了提高川西林盘的吸引力，当地应该注重基础设施建设，可以修建更好的公路，改善水、电等基础设施，提升当地的旅游服务质量。此外，还可以在当地建设更多的酒店、民宿等住宿场所，提高当地的住宿条件。

总之，打造乡村文化空间是一个复杂而又长期的过程。三圣花乡的案例向我们展示了如何通过有效的宣传营销、文化交流、创新旅游业态和改善设施来打造乡村文化空间。未来，我们需要不断探索新的发展模式，积极引导当地居民创业创新，以实现成都市乡村文化空间的可持续发展。

第五章

成都市跨界文化空间的培育与建设

第一节　何为跨界文化空间

跨界文化空间是当今公共文化空间领域最为前沿的发展成果，也是最能体现公共文化空间走向多元复合型空间的佐证。跨界文化空间是指将不同领域的文化产业，如音乐、艺术、设计、科技等交融形成一种全新的文化空间，从而满足人们对文化多样性的需求。跨界文化空间不论是在概念上，还是实践中都在不断发展，因而对这一概念的界定还是比较模糊的。总的来说，跨界文化空间是在某种文化风味的底蕴下，结合不同性质、不同行业建设的满足多样文化需求的空间。

20世纪60年代的美国旧金山出现了以"夏威夷音乐"为特色的文化场所，"夏威夷音乐"涵盖了摇滚、电子、民谣等多种流派，这种跨界文化趋势也逐渐传播到了其他城市。

20世纪80年代，以"杂志书店"为代表，日本通过在书店内设立酒吧、餐厅、画廊等，让消费者在购物的同时，能够享受到全方位的文化商品和服务。

20世纪90年代，在伦敦出现的"Bridge Cafe"是跨界文化空间的代表性建筑，它融合了咖啡馆、音乐和艺术等元素，创造了一个充满艺术氛围的多功能场所。

21世纪初，随着社交网络的兴起和数字化技术的发展，跨界文化空间又得到了发展。通过互联网平台和移动应用程序，人们可以在虚拟社交空间中进行文化交流和创意分享。

目前，跨界文化空间已成为一种全球性的文化趋势，如音乐节、艺术展、设计展等都是典型的跨界文化空间。这些空间促进了不同文化领域的创意产业的发展，丰富了人们的文化生活，推动了文化产业的发展。

跨界文化空间的发展历史也是人类文化交流与创新的历史。随着经济和社会的发展，跨界文化空间将继续成长壮大，成为人们交流创意、分享文化、促进文化多元发展的重要场所。

第二节 跨界文化空间的培育标准与建设原则

跨界文化空间是一个独特的文化空间，需要遵循一定的培育标准与建设原则。

融合性：跨界文化空间的元素必须具有融合性，能够在不同文化元素之间创造出新的意义和价值。跨界文化空间需要把文化元素进行融合，既要保留原有的文化特色，又要开创新的文化价值。

创新性：跨界文化空间的建设需要有创新精神。要大胆尝试新的文化组合和表达方式，运用先进的技术手段，创造出全新的文化体验和感受。

参与性：跨界文化空间的建设需要注重群众参与，让大众成为文化交流和融合的主体；通过互动、参与等形式，让人们更好地理解和认同跨界文化空间传递的文化语言。

维持性：跨界文化空间的建设需要注重后续的维持和可持续性。要建立起完善的组织管理机制，确保文化空间的正常运行和维护。

公益性：跨界文化空间的建设需要注重公益性，创造出更多的社会价值。要关注文化空间对社会的积极影响，如推动文化产业发展、促进旅游业的发展等。

地域性：跨界文化空间建设需要注重地域性，弘扬本地文化特色。文化的融合和交流应该在倡导保留本土文化特色的基础上进行。

跨界文化空间建设需要注重文化元素的融合，同时也需要注重社会效益的提升，让更多人感受到多元文化的魅力。

第三节　成都市跨界文化空间案例

一、东郊记忆简介

东郊记忆原址是红光电子管厂，本是废弃的老旧厂区，后在成都传媒集团下属公司成都传媒文化投资有限公司的规划之下，建设成为国际文化产业园区。在多年的经营之下，东郊记忆成为国际、时尚、艺术、绿色的代名词，先后获得"国家级文化和科技融合示范基地""国家 AAAA 级旅游景区""国家文化产业示范基地"等殊荣。它也是成都市打造世界文化名城和西部文创中心的代表性品牌建设基地。

二、东郊记忆与跨界文化空间的联系

东郊记忆中的红仓·萌想星球 107 文创产业园是一个典型的跨界文化空间。这里原是 20 世纪 80 年代时期所建的仓库，后改为文创园。为促进成华区创意产业的生态化、集群化发展，园区中集合产业办公、文旅跨界店、赛事文旅、文教体验等多重复合型空间，构建包括文创商务、文创商业、文化活动等主体在内的综合性文创园区，并以特色 IP 品牌运营，形成具有品牌号召力和独特 IP 的特色文旅融合产业园区，着力将"107 仓库"项目打造成成都历史建筑保护区的典范。[①]

成都东郊记忆体现了跨界文化空间的典型特征：

（1）多元的展览形式。成都东郊记忆的展览内容十分多元，包括艺术展览、历史文物、非物质文化遗产项目等。这些展品既有传统文化元素的呈现，又有与现代艺术形式的结合，使整个场馆呈现出多元、开放的文化氛围，吸引了不同文化背景的人前来参观。

（2）融合传统文化与现代艺术。东郊记忆将四川传统文化和现代艺术

---

① 刘琳. 成都成华区老工业遗址焕发新活力 [N]. 四川经济日报，2021—06—28 (2).

巧妙地融合在一起，展示出更加富有活力的文化空间。比如在展览中，将传统四川织锦与现代装置艺术相结合，打造出了富有张力和视觉冲击力的艺术空间。这种融合方式不仅会让传统文化得到更好展示，也让现代艺术表达出更加深刻的含义。

（3）注重文化交流和互动。东郊记忆在展览设置上注重互动性和参与性，营造出了一个既能够观赏展品，又能够参与互动的文化空间。比如，在展览中设置了电子互动区、实物体验区，增加人们的参与感，让整个场馆更加具有吸引力。

（4）创新展览方式。东郊记忆注重创新，通过展览形式、内容和主题的创新，在呈现传统文化的基础上，注入了更多的现代元素，使得文化展示更加丰富多彩。比如在展览中，利用虚拟现实、3D立体投影等技术，让游客仿佛置身于特定场景之中

三、东郊记忆的建设体系

培育文化内涵。东郊记忆注重培育文化内涵，通过传统文化的展示和推广，增强了场馆的文化氛围。在园区中展出了大量四川传统文化艺术品、历史文化遗迹、历史文物等，通过展品的精选和陈列，让游客感受到四川传统文化的底蕴。同时还举办了各种文化交流活动，如文化讲座、文化旅游、传统文化学习等，让游客能够深入了解当地的传统文化。

实现差异化竞争。东郊记忆注重实现差异化竞争，通过特色主题展览、文化创意产品等增加游客的体验感和参与度。前来东郊记忆的游客除了参观展品，还能体验到不同于其他文化产业园区的特别之处。

强化品牌形象。东郊记忆注重强化品牌形象，通过多元化的宣传营销手段，打造"成都文化地标"的品牌形象。利用公众号等网络平台进行推广，建立不同的营销策略，提高品牌形象的知名度和美誉度。

打造优质服务。东郊记忆不断优化服务体系，提升旅游服务质量。在展览方面不断创新，注重培养员工的服务意识并提升其专业技能，以提高游客的满意度。

四、东郊记忆建设的关键点

注重人才培养和引进。东郊记忆建设体系需要建立一支高素质的团队，包括文化策划、艺术设计、展览策划、活动组织等方面的人才，以保证展览场馆的创新性。同时，园区引进国内外人才，汲取不同文化背景的思想和经验，以推动世界范围内的文化交流和创新。

建设多元化的展区。东郊记忆应注重在建设多元化展区上下功夫。园区的展区应分为不同的主题展区，例如历史文化展区、旅游文化展区、非物质文化遗产文化展区等，每个展区的主题都能够吸引不同的游客。

东郊记忆

充分利用科技手段。东郊记忆应该利用现代科技手段提升游客的体验感。比如，可以加入虚拟现实技术、3D投影等科技手段，使游客能够更好地了解、体验文化元素，并在体验中获得更好的感受。

健全配套设施。成都东郊记忆的建设体系需要健全配套设施，包括交通、通信、网络、餐饮、住宿等方面。园区可以优化公共服务设施和配套设施，提高服务水平和服务质量。

第四节 成都市可供培育的跨界文化空间

成都市可供培育的跨界文化空间主要有以下几类。

一、美食文化馆

成都市拥有独具特色的美食文化，可以将川菜文化与现代科技相结合，在全新的场所中打造出另类的美食体验，让人们在这里不仅品尝到美食，也能感受到文化和科技的融合。例如新都天府沸腾特色小镇就是在场景营造中，将餐饮业与成都市美食文化杂糅在一起。在饮食上以市民喜爱的火锅为主轴形成集群效应，在视觉、味觉、听觉等感官体验方面着力升级，以玛歌庄园为龙头，集田园风光、乡村住宿、文化体验、音乐美食于一体。另外，小镇以文化促进消费，设计推出"沸哥""腾妹儿"熊猫拟态形象，与附近的大熊猫基地"梦幻联动"，构建现代消费场景，并借助自媒体平台进行社交化的场景推广。

二、传统手工艺艺术馆

成都市有着丰富的传统手工艺文化，可以利用现代的数字科技，如VR或AR等呈现这些手工艺艺术形式；通过互动、参观等方式，让人们更好地了解传统手工艺文化，并为其创造更多价值。

三、创意设计咖啡馆

成都市内有大量的创意设计街区，可以在其中开办一些创意设计咖啡馆，吸引设计爱好者和时尚人士前来赏玩。将创意设计元素和咖啡馆相结合，提供海量创意空间和品质奇特的饮品，营造独特的文化交流空间。

四、影视艺术馆

成都市拥有多部获得国际认可的电影和电视作品，可以开设一些影视艺术馆，展示这些作品并推广其文化内涵，通过互动、观赏让人们更好地了解影视作品。

将传统文化、科技、设计、饮食、艺术等元素进行融合，造出全新的跨界文化空间，可以让人们可以在其中体验到新奇感和创意感，为当地经济发展带来新的动力。

第六章

商圈文化空间的
培育与建设

第一节 何为商圈文化空间

一、商圈的定义与分类

商圈是指在城市区域内，由一定数量的商业机构聚集形成的特定地域范围。商圈是经济生活和商业活动的核心区域，通常包括购物中心、商场、百货公司、专卖店、餐馆、咖啡馆等商业设施，以及影剧院、展览馆、图书馆等文化设施。商圈不仅是交易和购物的空间，也是社交和文化交流的场所。

商圈可以根据其规模、发展阶段、业态结构等因素进行分类。根据规模，可以将商圈分为大型商业区、中型商业区和小型商业区。大型商业区通常位于城市中心或新兴商务区，拥有较高的商业密度和丰富的商业设施。中型商业区一般分布在城市次核心区域或人口较多的居住区域，商业设施相对较为集中。小型商业区则分布在城市的各个社区或街区，商业设施相对较少，服务范围较为局限。

二、商圈文化空间的概念与特征

商圈文化空间是指商圈内聚集的商业和文化设施所构成的空间，既包括商业设施，也包括相关的文化设施。商圈文化空间是城市发展的重要组成部分，它以商业为核心，同时融合了各种文化元素，形成了一个具有独特文化氛围的区域。

商圈文化空间具有以下几个特征：

多样性：商圈文化空间包括各种类型的商业和文化设施，涵盖购物、餐饮、娱乐、展览、演出等多种功能。不同的商圈在业态结构和文化氛围上存在差异，呈现出多样性和丰富性。

融合性：商圈文化空间融合了商业和文化的要素。商业设施提供商品和服务，满足人们的消费需求；文化设施则提供艺术、娱乐和知识交流的场所，满足人们对文化和休闲的需求。商圈文化空间将商业活动与文化活动有机地结合在一起，形成多层次、多元化的空间。

互动性：商圈文化空间是人们进行交流和互动的场所。商圈可吸引大量的消费者，人们在商圈中进行购物、休闲、娱乐等活动，同时也参与到商圈的艺术展览、演出等活动中。商圈文化空间成为社交和文化交流的重要场所。

历史与文化遗产：商圈文化空间承载着丰富的历史和文化遗产。商圈往往是城市发展的重要区域，经历了长期的演变和发展。在商圈内可以看到历史建筑、文化街区、传统手工艺等，这些都体现了商圈文化空间的独特魅力和价值。

商业与消费文化：商圈文化空间是商业活动和消费文化的集中展示。商圈作为经济活动的核心区域，商业设施集聚、商品流通和消费行为频繁。商圈文化空间可反映城市商业发展的最新趋势和潮流，体现购物和消费的文化特点。

社交与互动空间：商圈文化空间是人们进行社交和互动的场所。人们在商圈中进行购物、用餐、娱乐等活动，同时也通过商圈参与到社交和文化活动中。商圈文化空间可提供一个便捷、多样的交流平台，促进人与人之间的交流。

创新与变革：商圈文化空间是城市发展创新和变革的重要驱动力。商圈不断适应市场需求和消费者的变化，推出新的商业模式和服务方式，引入新的商品和概念，塑造城市商业的面貌和形象。

综上所述，商圈文化空间是商业和文化要素相融合的区域，具有多样性、融合性、互动性等特点，承载着丰富的历史和文化遗产，反映了商业活动和消费文化的特点。

第二节 商圈文化空间的培育标准与建设原则

在商圈发展过程中，为了打造独特、具有吸引力和活力的商业区域，需要遵循一些建设原则。下文将通过具体案例来阐述商圈文化空间的培育标准与建设原则。

（1）新加坡乌节路商圈

乌节路商圈是新加坡最著名的购物和娱乐区之一，也是一个成功的商圈文化空间。乌节路商圈体现了商圈文化空间建设应遵循的培育标准与建设原则。

一是空间规划与城市设计。乌节路商圈的成功离不开精心的空间规划和城市设计。该商圈拥有宽敞的人行道、绿化带、公共广场等，营造出舒适、宜人的环境。商圈内的建筑物风格协调统一，保持了文化传承和城市形象的一致性。

二是多样化的商业设施。乌节路商圈提供了丰富多样的商业设施，包括高档百货公司、时尚品牌店、餐厅、咖啡馆、影院等。商业设施的多样性为不同人群提供了各类消费选择，满足了不同需求和兴趣。

三是强调公共空间的重要性。乌节路商圈注重公共空间的利用和创造。商圈内设置了许多公共广场和露天活动场所，可以容纳各种文化活动、表演和节庆活动。这些公共空间不仅提供了社交和休闲的场所，也增加了商圈的活力。

四是文化与艺术的融入。乌节路商圈将文化与艺术融入商圈的建设中。这里有艺术装置、雕塑、艺术画廊等，为商圈增添了独特的艺术氛围。商圈还定期举办各种文化活动，如音乐会、艺术展览和街头表演，为顾客提供更多的文化体验。

五是可持续发展和环保原则。乌节路商圈积极推动可持续发展和环保原则。商圈内设有许多绿色建筑、节能设施、垃圾分类系统等，减少对环境的负荷。商圈还鼓励公众使用公共交通工具，减少汽车使用，提倡可持续的出行方式。

（2）巴黎香榭丽舍大街

香榭丽舍大街是巴黎著名的商业街之一，在各方面都是值得学习的商圈文化空间典范。

建筑风格与历史传承方面。香榭丽舍大街的建筑风格丰富多样，从巴洛克风格到现代风格应有尽有。这些建筑物不仅展示了法国建筑的美学，也体现了文化传承的重要性。商圈通过保护和改造历史建筑，保持了独特的文化氛围。

高端品牌与时尚文化方面。香榭丽舍大街以奢侈品牌和时尚文化而闻名。各类国际知名品牌都在这里设立了旗舰店，吸引着全球的购物者和时尚爱好者。商圈通过引进高端品牌和推动时尚文化，打造了独特的商业形象和品牌价值。

绿化与景观规划方面。香榭丽舍大街注重绿化和景观规划。街道两旁种植了树木和花卉，形成了美丽的绿化带。商圈还设置了露天咖啡厅、休闲广场等公共空间，供人们休息和欣赏风景。这些绿化和景观规划不仅提升了商圈的环境质量，也营造出宜人的氛围，为顾客提供舒适的购物体验。

文化活动和艺术表演方面。香榭丽舍大街定期举办各种文化活动和艺术表演。例如，巴黎时装周和电影节等重要的时尚和艺术盛会经常在这里举行。商圈还设置了室外音乐舞台和艺术装置，为顾客带来文化和艺术体验。

社区参与与社交空间方面。香榭丽舍大街鼓励社区参与和社交互动。商圈内设有咖啡馆、餐厅和酒吧等场所，提供了社交场所。商圈还定期组织集市和活动，吸引周边居民和游客参与，增加商圈的活力。

乌节路商圈和香榭丽舍大街都遵循了一些共同的商圈文化空间培育标准和建设原则：

进行空间规划与城市设计：商圈应进行合理的空间规划和城市设计，确保商业区域的宜人性和可持续性。这包括宽敞的人行道、公共广场、绿化带等，为顾客提供愉快的购物和休闲环境。

有多样化的商业设施：商圈需要提供多样化的商业设施，以满足不同人群的需求。这包括高档百货公司、时尚品牌店、餐厅、咖啡馆、影院等，为顾客提供丰富的消费选择。

有可供利用的公共空间：商圈应注重公共空间的利用和创造，打造社交场所。这包括设置公共广场、露天咖啡厅等，为顾客提供休息、社交和娱乐的场所。

融入文化与艺术：商圈应将文化与艺术融入建设中，创造独特的文化氛围。这可以通过增加艺术装置、雕塑、画廊、文化活动等方式实现，进而为顾客提供更多的文化体验。

坚持可持续发展和环保原则：商圈应遵循可持续发展和环保原则，减轻对环境的负荷。这可以通过采用绿色建筑、节能设施、垃圾分类系统等方式实现。

传承历史建筑风格：商圈应保留历史建筑和传统文化，体现地区的独特魅力。这包括修复和改造历史建筑、保护传统文化等，保持建筑风格的历史传承。

鼓励社区参与和社交互动：商圈应鼓励社区参与和社交互动，加强商圈与周边居民和游客之间的联系。这可以通过组织集市、活动、文化节庆等方式实现，增加商圈的活力。

这些培育标准与建设原则是商圈文化空间成功的关键要素。通过遵循这些准则，商圈可以打造具有吸引力、独特性的商业区域，吸引更多顾客，促进经济发展和城市繁荣。然而，需要注意的是，每个商圈文化空间的培育标准和建设原则都需根据地域文化、人口特点、市场需求等因素进行灵活调整。没有一种固定的模板可以适用于所有商圈，对于每个商圈来说，都需要进行详尽的市场调研和规划研究。

第三节　知名商圈文化空间的建设启发

每个知名商圈文化空间都有其独特的特点和魅力。笔者将会详细介绍一些知名的商圈文化空间，分析其中可供成都市未来商圈文化空间打造借鉴的经验。

一、全球著名商圈文化空间

（一）纽约时代广场

时代广场位于美国纽约市曼哈顿的中心地带，是世界上最著名的商圈之一。它以标志性的霓虹广告牌和世界一流品牌而闻名，每年吸引数百万游客前来参观。时代广场拥有大型购物中心、电影院、酒店、餐厅等多种商业设施，同时也是举办各类活动的重要场所。该商圈的特点：地理位置优越，交通便利，吸引着来自全球的游客；建筑外观雄伟，令人印象深刻；聚集了世界上许多著名的品牌和高端零售店，为消费者提供丰富的购物选择；拥有电影院、百老汇剧院和露天表演区等多种娱乐设施，可以满足不同人群的娱乐需求。

（二）乌镇古镇

乌镇位于中国浙江省，是中国最著名的古镇之一。它融合了传统的建筑风格和现代化建筑风格，吸引了许多游客前来体验传统文化和特色工艺。乌镇的特点：独特的历史和文化，保留了许多古老的建筑和传统手工艺；将古老的建筑、传统文化与现代商业相结合，形成了独特的景观和氛围；在这里游客可以品尝到许多特色小吃和传统菜肴，还可以购买精美的手工艺品；经常举办各种文化活动和表演，例如传统的舞蹈、音乐演出和戏剧表演，吸引着来自世界各地的游客。

（三）伦敦唐人街

伦敦唐人街是全球最有名的华人社区之一，位于英国伦敦市中心。它作为一个以亚洲文化和美食为主题的商圈，吸引着世界各地的游客和本地居民前来品尝亚洲美食、体验亚洲文化。其特点是：聚集了许多中餐馆、茶楼和亚洲特色小吃店，供应各类正宗的亚洲美食；出售来自亚洲各地的商品和纪念品，例如中式服装、工艺品和饰品等；举办许多与中国传统节日相关的庆祝活动，如农历新年庆典和中秋节庆祝活动；一些场馆和艺术中心定期举办亚洲文化和艺术展览，展示亚洲文化的多样魅力。

（四）迪拜购物中心

迪拜购物中心是世界上最大的购物中心之一，位于阿联酋迪拜市区。它不仅拥有众多的豪华品牌和高端餐饮，还提供丰富的娱乐和休闲设施。以下是迪拜购物中心的特点：迪拜购物中心占地庞大，建筑设计精美，内部装修豪华；汇集了众多著名国际品牌，包括奢侈品牌和时尚潮流品牌，为购物者提供多样化的选择；内设不同主题的区域，如珠宝区、时尚区、家居区等，每个区域都有专门的商店和品牌；除了购物，迪拜购物中心还提供多种娱乐和休闲设施，如室内滑雪场、溜冰场、电影院、游乐园等，满足不同人群的需求。

（五）东京银座

东京银座是日本最繁华和时尚的商圈之一，位于东京市中心的银座地区。它以高端品牌、时尚购物和文化活动而闻名，吸引了许多国内外游客。东京银座的特点：时尚奢华，是国际品牌和高端时尚的代表，拥有许多豪华百货公司和精品店，为购物者提供顶级的购物体验；建筑外观和街道设计都体现了现代和传统相结合的美学，营造出独特而吸引人的氛围；拥有许多高级餐厅和传统日本料理店，为游客提供优质的餐饮选择；经常举办各类文化和艺术活动，如艺术展览、音乐演出和戏剧表演。

（六）悉尼港

悉尼港是澳大利亚最重要的商业和娱乐区域之一，位于悉尼市中心的港湾地区。它以壮丽的海滨景观和丰富多样的购物、餐饮和娱乐设施而闻名。悉尼港的特点：位于悉尼港口的边缘，拥有壮丽的海洋和桥梁景观，吸引了大量游客；集合了各种国际品牌、当地品牌和特色店铺，为购物者提供丰富多样的选择；有众多餐厅和咖啡馆，供应各种美食和特色菜肴；周边有许多文化和艺术中心，举办各类展览、演出和文化活动，如悉尼歌剧院、悉尼博物馆等；拥有许多时尚的酒吧、夜总会和娱乐场所，夜晚的港湾区充满了活力。

二、全球商圈文化空间对成都市商圈文化建设的启示

（一）合理规划和利用空间

（1）区位选择与交通：全球知名商圈文化空间往往都处在交通便利的地段，这使得商圈更容易吸引顾客。成都市商圈的规划应优先选择交通便利的区域，发展公共交通系统，以吸引更多人流。

（2）商圈规模和产业布局：全球知名商圈文化空间通常规模较大，拥有多元产业布局，不仅包括商业和零售，还涵盖文化艺术、餐饮娱乐等多个领域。成都市商圈的规划应该注重多元功能布局，不仅着重发展商业，还要注重培育文化产业。

（3）公共设施和服务配套：全球知名商圈文化空间非常注重公共设施和服务配套的建设，包括公共广场、休闲设施、卫生间和停车场等。成都市商圈在规划时要考虑到公共设施服务的完善，以提升顾客满意度。

（二）多元化的功能布局

（1）商业和零售：全球知名商圈文化空间的核心是商业和零售。成都市商圈应注重培育一批优质的商业和零售品牌，打造独特的购物体验，吸引消费者。

（2）文化和艺术：全球知名商圈文化空间经常与文化和艺术活动紧密结合，举办各类展览、演出和表演。成都市商圈应增加文化和艺术元素，举办文化节庆、艺术展览等活动。

（3）餐饮和娱乐：全球知名商圈文化空间注重发展餐饮和娱乐业，提供各种美食和娱乐设施，成为人们休闲娱乐的场所。成都市商圈应该注重培育本土特色餐饮文化，并丰富娱乐设施，满足不同人群的需求。

（三）独特的设计理念

（1）建筑外观与风格：全球知名商圈文化空间的建筑外观往往具有独特的风格和设计理念，能够营造引人注目的视觉效果。成都市商圈在建筑外观设计时可以注重与本地文化相结合，创新设计手法，打造具有独特魅

力的商圈形象。

（2）室内设计与装饰：全球知名商圈文化空间的室内设计和装饰注重细节和品质，创造出舒适、豪华的购物环境。成都市商圈应注重室内设计和装饰的品质和风格，在细节上做好把控，提升整体氛围。

（3）空间布局与区域划分：全球知名商圈文化空间对空间布局和区域划分非常注重，合理规划不同功能区域，使得商圈内流线清晰且便利。在成都市商圈的规划中，也要注重空间布局和区域划分的合理性，以提升顾客的购物体验和方便程度。

（四）注重文化内涵

（1）本土文化的融入：全球知名商圈文化空间注重本土文化的融入，通过商圈文化活动、本地特色店铺等方式展示当地的文化魅力。成都市商圈应重视本土文化的传承和展示，通过举办庙会、传统手工艺品展示等活动，让顾客感受到成都的独特魅力。

（2）艺术和表演活动：全球知名商圈文化空间经常举办各种艺术和表演活动，为游客带来丰富多样的娱乐体验。成都市商圈也应加强艺术和表演活动的策划与组织，例如街头艺术表演、音乐会等，以吸引更多人群游玩。

（3）社区参与和社交互动：全球知名商圈文化空间注重社区的参与和社交互动，通过举办居住者活动、社区聚会等方式，增强商圈与周边居民的联系。成都市商圈应该积极与周边社区合作，组织各类社区活动，促进商圈与社区的融合与发展。

三、成都市商圈文化空间建设现状

（一）成都市商圈文化空间建设的成就

成都市商圈文化空间的建设已经取得了一些成就：

（1）商业发展迅速：成都市的商圈规模和商业业态不断壮大，吸引了众多国内外知名品牌进驻，形成了商业繁荣的局面。

（2）多元化的功能布局：随着商圈文化空间建设的推进，成都市的商圈逐渐实现了多元化的功能布局，拥有商业、零售、文化艺术、餐饮娱乐等多个领域。

（3）增强了文化内涵：成都市商圈在近年来加强了对本土文化的传承和展示，通过举办各类文化活动和艺术展览，提升了商圈的文化内涵。

成都市人民政府高度重视商圈文化空间建设，出台了一系列相关政策和措施，为商圈的发展提供支持和保障。

（二）成都市商圈文化空间建设存在的挑战

目前，成都的商圈文化空间建设仍存在一些有待改进之处：

（1）规划不合理：一些商圈规划存在片面追求商业开发的情况，忽视了其他功能的布局和发展。

（2）缺乏特色：一些商圈缺乏独特的设计理念和特色，无法与其他商圈形成差异化竞争。

（3）文化元素不足：虽然成都市拥有丰富的历史文化底蕴，但在商圈文化空间中，本土文化的融入和展示还不够充分。

（4）公共设施不完善：一些商圈的公共设施和服务配套尚未满足顾客的需求，例如停车位不足、卫生间设施不完备等。

成都市商圈应该注重与周边社区的合作与互动，加强与居民的联系。商圈可以与社区建立伙伴关系，共同制订发展计划和项目，促进双方的共同进步。

成都市商圈应该加强与旅游业的结合，利用本地的旅游资源和文化特色，打造吸引力强的旅游目的地，吸引游客前来商圈游玩、购物和体验本地文化。通过与旅游机构的合作，商圈可以提供优质的旅游服务，为游客带来独特的体验。

推动商圈文化空间的建设还需要注重创新和持续发展。商圈可以与当地的艺术院校、设计机构等合作，引入创意和设计元素，提升商圈的艺术氛围和品味。商圈还可以积极探索新的商业模式，例如引进共享经济、打造智慧商圈等，以适应快速变化的市场需求。

需要对成都市商圈文化空间建设进行持续关注和评估。商圈可以建立监测体系，定期评估商圈的发展和运营效果，及时调整和优化相关方面。

同时，商圈应该与相关部门、学术界和行业组织进行交流和合作，共同分享经验和学习，推动商圈文化空间建设不断发展。通过积极的规划、合作与创新，成都市商圈可以打造具有独特魅力的文化空间，吸引更多的顾客，提升商圈的竞争力和影响力。同时，商圈的发展也将为城市的经济繁荣和社会进步做出积极贡献。

第四节　成都市可供培育的商圈文化空间

成都市作为中国西南地区的重要城市，拥有独特的文化底蕴和商业活力。在商圈文化空间的培育方面，成都市有着巨大的潜力和机会。

打造主题商圈。成都市可以根据本地特色和需求，打造不同主题的商圈，以吸引不同类型的消费者。例如，可以建设艺术创意商圈，集聚艺术品、手工艺品、设计品牌等；也可以建设时尚购物商圈，集聚高端时装品牌、潮流餐饮等。通过将商业与文化相结合，为消费者提供更加丰富多样的文化消费体验。

注重历史文化保护与利用。成都市拥有悠久的历史文化遗产，可以将历史文化与商业活动相结合，打造具有历史风貌和文化氛围的商圈。例如，可以修复和改造历史建筑，使其成为商业和文化活动的场所；也可以在商圈中设置历史文化展示区域，通过展览和演出等方式向公众传递历史文化的价值和内涵。

提供多元化的文化娱乐设施。成都市的商圈可以设置多种文化娱乐设施，为消费者提供多样化的文化娱乐体验。例如，在商圈中设置音乐厅、剧院、电影院等场所，定期举办音乐会、话剧演出、电影放映等活动；还可以建设儿童乐园、艺术表演区域等，满足不同年龄段人群的需求。

注重特色美食和餐饮文化。成都市以其独特的美食文化而闻名，可以在商圈内打造特色美食区域，集聚各类特色餐饮品牌和小吃摊位。通过举办美食节、美食文化展示等活动，吸引更多的游客和消费者前来品尝成都的美食文化。同时，也可以推动餐饮业与文化艺术相结合，打造具有创意和艺术氛围的餐饮场所。

鼓励本土品牌和创意企业入驻。成都市可以鼓励本土品牌和创意企业在商圈内开设门店，推动本土文化产业的发展和创新。可以提供优惠政策、场地支持等措施，吸引本土品牌和创意企业入驻商圈，推动商圈的差异化发展。同时，可以加强商圈与创意企业的合作，举办设计比赛、创意市集等活动，促进商圈与创意产业的良性互动。

加强文化活动的组织与推广。成都市商圈应加强文化活动的组织与推广，为消费者提供更多文化娱乐选择。可以定期举办艺术展览、演出、文化节等活动，为商圈增添文化魅力。同时，通过有效的宣传和推广，吸引更多观众前来商圈参与文化活动，提高商圈的知名度和影响力。

建立完善的交通与公共设施。成都市商圈需要建立完善的交通网络和公共设施，方便消费者的出行和活动。可以改善商圈周边的道路交通，增加公共停车场和自行车停放点，提供便捷的出行条件。同时，也要建设完善的公共设施，如公共厕所、休息区、信息咨询中心等，提升商圈的服务水平和消费者的舒适度。

加强国际交流与合作。成都市商圈可以积极与国内外的商业机构、品牌和文化艺术机构开展合作与交流。可以举办国际商务洽谈会、文化交流活动等，吸引国内外优秀的商家和文化艺术团队入驻成都市的商圈，提升商圈的国际影响力和竞争力。

加强商圈管理与服务水平。成都市商圈需要加强管理与服务，为消费者提供良好的购物和文化体验。可以建立专业的商圈管理机构，负责商圈的规划、运营和服务。商圈管理机构应与商户、业主以及政府部门保持密切合作，共同制定商圈发展策略，并提供安全、卫生、环保的基础设施和服务。

推动电子商务与线下商业融合。成都市商圈可以积极推动电子商务与线下商业的融合发展，开辟新的商业模式和渠道。建立电子商务平台和线下实体店，实现线上线下的互通互补。通过技术支持和资源整合，为商圈带来更多的消费者和商机，推动商圈的数字化升级和转型发展。

培育品牌文化和商圈形象。成都市商圈需要注重品牌文化培育和商圈形象塑造，打造独特的商业品牌。可以通过商圈 Logo 设计、品牌宣传、主题活动等方式，打造具有辨识度和吸引力的商圈形象。商圈应注重品质和服务，树立良好的商业口碑，吸引更多消费者的关注。

加强商业人才培养和交流。成都市商圈需要加强商业人才培养，提高商圈的管理和经营水平。可以建立商业人才培训机构和交流平台，为商圈的从业人员提供专业知识和技能培训。同时，可以组织商业峰会、论坛等活动，促进商圈内外的商业人才交流和学习，推动商圈的创新和发展。

成都市作为一座具有悠久历史和独特魅力的城市，拥有成熟的商业环境和丰富的文化资源。在培育商圈文化空间方面，成都市可以通过多种方式，塑造独特的商业形象。同时，加强商圈管理，提高服务水平，推动电子商务与线下商业融合，培育商业人才等措施也至关重要。相信通过这些措施，成都市将培育出多样而充满活力的商圈文化空间，提升商圈的竞争力和吸引力，为城市的文化创意产业发展做出积极贡献。

附 录

关于推动公共文化服务高质量发展的意见

文旅公共发〔2021〕21号

各省、自治区、直辖市文化和旅游厅（局）、发展改革委、财政厅（局），新疆生产建设兵团文化体育广电和旅游局、发展改革委、财政局：

推动公共文化服务高质量发展，是进一步深化文化体制改革，发展社会主义先进文化的重要任务，也是让人民享有更加充实、更为丰富、更高质量的精神文化生活，保障人民群众基本文化权益，满足对美好生活新期待的必然要求。为在新的形势下更好推动公共文化服务实现高质量发展，现提出以下意见。

一、总体要求

（一）指导思想。以习近平新时代中国特色社会主义思想为指导，深入贯彻落实党的十九大和十九届二中、三中、四中、五中全会精神，坚持统筹推进"五位一体"总体布局、协调推进"四个全面"战略布局，把握时代发展新趋势，全面贯彻新发展理念，以人民为中心，以社会主义核心价值观为引领，以高质量发展为主题，以深化公共文化服务供给侧结构性改革为主线，完善制度建设，强化创新驱动，努力推动文化治理体系和治理能力现代化，为人民群众提供更高质量、更有效率、更加公平、更可持续的公共文化服务，使城乡居民更好参与文化活动，培育文艺技能，享受文化生活，激发文化热情，增强精神力量，提高社会文明程度，为建设社会主义文化强国奠定基础。

(二)主要原则

坚持正确导向，推动品质发展。牢牢把握社会主义先进文化前进方向，强化政治引领，提升人民文明素质，切实承担起举旗帜、聚民心、育新人、兴文化、展形象的使命任务。

坚持统筹建设，推动均衡发展。加强城乡公共文化服务体系一体建设，促进区域协调发展，健全人民文化权益保障制度，推动基本公共文化服务均等化。

坚持深化改革，推动开放发展。深化公共文化服务体制机制改革，创新管理方式，扩大社会参与，形成开放多元、充满活力的公共文化服务供给体系。

坚持共建共享，推动融合发展。在把握各自特点和规律的基础上，促进公共文化服务与科技、旅游相融合，文化事业、产业相融合，建立协同共进的文化发展格局。

二、主要任务

(三)深入推进公共文化服务标准化建设。全面落实国家基本公共服务标准。在保障国家基本标准落实到位的基础上，推动各省（区、市）结合本地区实际制定地方标准，地（市）、县（区）制定目录。要加强事前论证和风险评估，控制在财政承受范围以内，不得脱离实际盲目攀高，确保财力有保障、服务可持续。进一步完善公共图书馆、文化馆（站）和村（社区）综合性文化服务中心等建设和服务标准规范，健全公共数字文化标准规范体系，根据工作实际，适当提升有关指标，发挥引导作用。依托行业组织，加强公共图书馆、文化馆评估定级工作。以省（区、市）为主体，开展乡镇（街道）综合文化站评估定级。建立健全科学规范的评估标准体系，进一步完善评估定级结果运用机制，鼓励地方通过经费分配、项目安排等方式，加大奖优力度。

(四)完善基层公共文化服务网络。积极推动将公共文化设施建设纳入县城城镇化补短板强弱项项目。根据实际，加大对城镇化过程中新出现的居民聚集区、农民新村的公共文化设施配套建设力度。以县级公共图书馆、文化馆总分馆制为抓手，优化布局基层公共文化服务网络。强化县级总馆建设，实现总分馆图书资源的通借通还、数字服务的共享、文化活动的联动和人员的统一培训。合理布局分馆建设，鼓励将若干人口集中，工作基础好的乡镇（街道）的综合文化站建设为覆盖周边乡镇（街道）的区域分中心。具备条件的可在人口聚居的村（社区）的基层综合性文化服务中心建设基层服务点。推广"乌兰牧骑"等红色文艺轻骑兵形式，大力发展城乡流动文化服务。继续推进"边疆万里文化长廊"建设，打造"文化国门"。充分发挥县、乡、村公共文化设施、资源、组织体系等方面的优势，强化文明实践功能，推进与新时代文明实践中心融合发展。推动公共图书馆、文化馆、博物馆、美术馆、非遗馆等建立联动机制，加强功能融合，提高综合效益。

（五）创新拓展城乡公共文化空间。立足城乡特点，打造有特色、有品位的公共文化空间，扩大公共文化服务覆盖面，增强实效性。适应城乡居民对高品质文化生活的期待，对公共图书馆、文化馆（站）功能布局进行创意性改造，实现设施空间的美化、舒适化。支持各地加强对具有历史意义的公共图书馆、文化馆的保护利用。鼓励在都市商圈、文化园区等区域，引入社会力量，按照规模适当、布局科学、业态多元、特色鲜明的要求，创新打造一批融合图书阅读、艺术展览、文化沙龙、轻食餐饮等服务的"城市书房"、"文化驿站"等新型文化业态，营造小而美的公共阅读和艺术空间。着眼于乡村优秀传统文化的活化利用和创新发展，因地制宜建设文化礼堂、乡村戏台、文化广场、非遗传习场所等主题功能空间。鼓励将符合条件的新型公共文化空间作为公共图书馆、文化馆分馆。积极推进社区文化"嵌入式"服务，将文化创意融入社区生活场景，提高环境的美观性和服务的便捷性。鼓励社区养老、文化等公共服务设施共建共享。

（六）促进公共文化服务提质增效。推动基本公共文化服务融入城乡居民生活，提高群众知晓率、参与率和满意率。继续实施公共文化设施免费开放，拓展服务内容，创新服务形式，提升服务品质。进一步加强错时开放、延时开放，鼓励开展夜间服务。推动公共图书馆、文化馆拓展阵地服务功能，面向不同群体，开展经典诵读、阅读分享、大师课、公益音乐会、艺术沙龙、手工艺作坊等体验式、互动式的公共阅读和艺术普及活动；鼓励"走出去"，创新开展创意市集、街区展览、音乐角、嘉年华等文化活动。各级公共图书馆、文化馆（站）可发挥平台作用，通过与社会力量合作、公益众筹等方式，面向不同文化社群，开展形式多样的个性化差异化服务。鼓励有条件的公共图书馆、文化馆提炼开发文化IP，加强文创产品体系建设。加强公共文化服务品牌建设，在全国遴选推介公共图书馆优秀阅读品牌、文化馆（站）优秀艺术普及活动品牌。面向不同年龄段群体开展特色文化服务。鼓励各地根据实际，推动公共文化服务与教育融合发展，面向中小学生设立课外教育基地。鼓励有条件的文化馆将说唱、街舞、小剧场话剧等文化形式纳入服务范围。积极适应老龄化社会发展趋势，提供更多适合老年人的文化产品和服务，让老年人享有更优质的晚年文化生活。加强面向残疾人的文化服务。

（七）做大做强全民艺术普及品牌。切实推动全民艺术普及，使艺术融入日常生活，使生活更具审美品味。推动各地设立全民艺术普及月，鼓励举办全民艺术节，增强社会影响力。坚持以社会主义核心价值观引领群众文艺创作生产与传播，充分发挥"群星奖"等示范作用，推动创作更多有力量、有筋骨、有温度的群众文艺精品。健全支持开展群众性文化活动机制。举办全国性群众文化展演、调演活动。广泛开展广场舞展演、大众合唱节等群众喜闻乐见的文化活动。以市、县为主体组织"百姓明星"大赛，引导城乡群众在文化生活中当主角、唱大戏。与互联网平台合作，创新广场舞等群众文化活动管理和服务手段。进一步加强群众文化艺术培训，使各级文化馆成为城乡居民的终身美育学校。鼓励各地以文化馆为主导，联合社会艺术培训机构，组建全民艺术普及联盟，搭建推广平台。充分发挥群众文艺在国际文化交流中的作用，创造条件组织国际艺术院团到基层开展公益性演出，在"欢乐春节"、海外中国文化旅游年、国际艺术节、多边或双边文化交流中更多地植入群众文化活动、项目，展现中国形象，讲好中国故事，以民相亲促进心相通。

（八）加快推进公共文化服务数字化。加强智慧图书馆体系建设，建立覆盖全国的图书馆智慧服务和管理架构。提升数字文化馆网络化、智能化服务水平。进一步完善国家公共文化云等平台的大数据管理和服务功能。推动国家云和地方云、地方云和当地智慧城市平台的对接。整合利用全国群众文化活动资源，打造分级分布式数字文化资源库群，优化资源结构，提升资源质量。加大微视频、艺术慕课等数字资源建设力度。推动将相关文化资源纳入国家文化大数据体系建设。鼓励公共文化机构与数字文化企业对接合作，大力发展基于5G等新技术应用的数字服务类型，拓宽数字文化服务应用场景。探索发展数字文化大众化实体体验空间，加强数字艺术、沉浸式体验等新型文化业态在公共文化场馆的应用。推广群众文化活动高清网络直播，形成"云上群星奖"等群众文化网上集成展示平台。培育线上文化服务品牌。鼓励公共文化机构打造有影响力的公众号，培养具有高粘性的"粉丝"文化社群。推动在互联网视频平台开设全民艺术普及专题。鼓励与企业合作，探索有声图书馆、文化馆互动体验等新型文化服务方式。

（九）进一步强化社会参与。加大政府购买公共文化服务力度。举办全国或区域性公共文化产品和服务采购大会，建设线上线下相结合的交易平台，促进供需对接。鼓励利用多种方式，推动社会力量参与公共文化设施运营、活动项目打造、服务资源配送等。根据实际，稳步推进有条件的地市级以上公共图书馆、文化馆、博物馆、美术馆开展法人治理结构改革。稳妥推动基层文化设施社会化运营。存在人员缺乏等困难的县级特别是乡镇（街道）、村（社区）文化场馆，可根据实际，通过政府委托运营整体场馆或部分项目的形式，引入符合条件的企业和社会组织，提高运营效率和服务水平。创新监管方式，重点做好政治导向和服务绩效等方面的评估。规范推广政府与社会资本合作（PPP）模式，引导社会资本积极参与建设文化项目，兼顾公共文化服务和文化产业发展，为稳定投资回报、吸引社会投资创造条件。

（十）促进文化志愿服务特色化发展。实施全民阅读推广人和全民艺术普及推广人培育计划，鼓励专业文艺工作者、书评人等积极组织阅读推广和艺术普及推广等活动，并通过新媒体形式传播艺术和阅读知识。发挥"春雨工程"等志愿服务项目的示范引领作用，开展"美好生活"系列主题志愿服务活动。以省（区、市）为单位打造具有区域影响力的文化志愿服务品牌，以市、县为单位培育一批有特色、有影响、惠民生的文化志愿服务项目。进一步规范文化志愿者的招募，分类对文化志愿者进行培训辅导。推动建立各类文化志愿团体。完善文化志愿服务记录和激励制度，逐步建立星级文化志愿者认证制度，对服务时间长、表现突出、贡献较大的优秀文化志愿者团队和个人按国家有关规定给予表彰奖励，增强广大文化志愿者的工作成就感和社会荣誉感。

（十一）加强乡村文化治理。紧紧围绕乡村振兴战略，将乡村文化建设融入城乡经济社会发展全局，融入乡村治理体系。深入开展乡镇综合文化站专项治理。结合实际，适当拓展乡村基层综合性文化服务中心旅游、电商、就业辅导等功能。坚持"见人见物见生活"，加强乡村地区非物质文化遗产保护和利用。开展乡村艺术普及活动，依托中国民间文化艺术之乡，推进"艺术乡村"建设，提升乡村文化建设品质。建立艺术家、策展人等专业人士与民间文化艺术之乡的对接机制，挖掘乡土底蕴，传承乡村文脉。开展"村晚"等富有文化特色的农村节庆活动，形成具有区域影响力的乡村名片，打造节庆新民俗。整合优质资源与力量，持续开展"戏曲进乡村"等送文化下基层活动。结合全国乡村旅游重点村镇建设，打造特色乡村文化和旅游品牌，拓展乡村文化和旅游发展新模式。坚持平等、参与、共享的原则，加强对城市新生代外来务工人员的文化帮扶，推动他们更好融入城市，成为城乡文化交流的重要力量。

三、保障措施

（十二）加强组织领导。各级文化和旅游行政部门要在党委政府领导下，积极协调配合宣传、发展改革、财政、广电、体育等部门，在规划编制、政策衔接、标准制定和实施等方面加强合作，进一步形成推动公共文化服务高质量发展的工作合力。开展公共文化服务高质量发展试点工作，培育一批高质量发展项目，发挥示范引领作用。鼓励各地因地制宜，完善政策环境，创新工作手段，积极探索开展各项工作的新思路新办法。支持京津冀、长三角、粤港澳大湾区、成渝地区双城经济圈等区域发挥创新引擎作用，推动公共文化服务实现高质量协同发展。持续探索革命老区、民族地区、边疆地区和脱贫地区推进公共文化服务体系建设的新路径，努力实现与经济社会的同步发展。加强对地方试点的总结评估，对实践证明行之有效的经验做法，及时总结提炼，完善规范，普及推广。

（十三）加强法制和财政保障。全面贯彻落实公共文化服务保障法、公共图书馆法、公共文化体育设施条例等法律法规。积极推动地方公共文化立法。建立健全公共文化服务执法检查制度，提高依法行政能力和水平。进一步完善法律法规规定的各项基本制度。修订文化馆管理办法，制定公共图书馆馆藏文献信息处置管理办法、公共图书馆文化馆年报编制指南、乡镇综合文化站建设与运营指南等配套规章和文件。进一步完善财政保障机制。落实公共文化领域中央与地方财政事权和支出责任划分改革方案，推动各级财政完善保障机制，把基本公共文化产品和服务项目纳入各级政府预算，全面实施公共文化服务领域预算绩效管理，强化绩效评价结果应用，发挥财政资金最大效益。充分发挥各级财政资金引导作用，鼓励民间资本参与公共文化服务建设。

（十四）建设一支精干高效的基层文化人才队伍。建立健全文化人才的发现、培养、使用和评价机制，为基层文化队伍搭建展示才华的平台。在文化战线培养一批长期扎根基层，有责任心、有能力、具有深厚实践经验的专家型干部。实施基层文化队伍培训项目，强化实践引导，创新交流机制。鼓励文化艺术职业院校开展合作培训。继续开展"三区"人才支持计划文化工作者专项工作。落实基层文化服务岗位人员编制和经费，保持基层文化队伍相对稳定。结合本地实际，采取县招乡用、派出制、县乡双重考核等形式，配齐配强乡镇综合文化站文化专干。实施乡村文化和旅游能人支持项目，支持培养一批扎根乡村、乐于奉献、服务群众的乡村文化骨干。鼓励乡村文艺团队参与乡村文化设施的管理运营和服务，激活基层文化阵地。

文化和旅游部
发展改革委
财　政　部
2021年3月8日

四川省公共文化服务保障条例

(2021年9月29日四川省第十三届人民代表大会常务委员会第三十次会议通过)

第一章 总 则

第一条 为了加强公共文化服务体系建设，丰富人民群众精神文化生活，保障公民基本文化权益，传承中华优秀传统文化，弘扬社会主义核心价值观，坚定文化自信，推动文化强省建设，根据《中华人民共和国公共文化服务保障法》等有关法律、行政法规，结合四川省实际，制定本条例。

第二条 本条例适用于本省行政区域内的公共文化服务及其保障活动。

第三条 公共文化服务应当坚持党的领导，坚持以人民为中心，坚持以社会主义核心价值观为引领，遵循政府主导、部门协同、社会参与、面向基层、共建共享的原则，促进优秀公共文化产品的提供和传播，推进中华优秀传统文化、革命文化、社会主义先进文化的传承和发展。

第四条 县级以上地方人民政府负责本行政区域内公共文化服务工作，应当将公共文化服务纳入本级国民经济和社会发展规划，按照公益性、基本性、均等性、便利性的要求，加强公共文化设施建设、产品供给和活动组织，完善公共文化服务体系，提高公共文化服务效能，为人民群众提供更高质量、更有效率、更加公平、更可持续的公共文化服务。

第五条 省、市（州）人民政府应当建立公共文化服务工作定期考核机制，加强对下一级人民政府公共文化服务工作的考核。

文化、体育、广播电视、新闻出版、电影等主管部门根据其职责负责本行政区域内的公共文化服务工作；发展改革、经济和信息化、教育、科技、民族宗教、民政、司法行政、财政、人力资源社会保障、住房和城乡建设、农业农村、退役军人事务等有关部门在各自职责范围内做好公共文化服务相关工作。

工会、共青团、妇联和文联、作协、科协等团体应当结合工作实际，做好公共文化服务相关工作。

第六条　省、市（州）、县（市、区）建立公共文化服务综合协调机制，指导、协调、推动本行政区域内公共文化服务工作，加强跨部门、跨行业、跨领域的公共文化资源整合，实现公共文化服务网络互联互通、资源共建共享。

第七条　乡镇人民政府、街道办事处负责辖区内基层综合性文化服务中心和其他公共文化设施的日常管理，组织开展群众性文化体育活动，做好公共文化服务工作。

村（居）民委员会应当根据村（居）民的需求开展群众性文化体育活动，协助当地人民政府有关部门开展公共文化服务工作。

第八条　县级以上地方人民政府应当统筹城乡公共文化设施建设、服务提供、队伍建设、资金保障，均衡配置公共文化资源，促进区域内公共文化服务均等化。

县级以上地方人民政府应当加大对革命老区、民族地区、边远地区、欠发达地区公共文化服务工作的扶持力度。

第九条　地方各级人民政府应当根据未成年人、老年人、残疾人和流动人口等群体的特点与需求，提供相应的公共文化服务。

第十条　地方各级人民政府应当鼓励和支持公民、法人和其他组织参与公共文化服务。

对在公共文化服务中作出突出贡献的公民、法人和其他组织，依法依规给予表彰和奖励。

第十一条　协调推进公共文化服务与新时代文明实践融合发展，发挥公共文化设施在资源、服务、组织体系等方面的优势，开展文明实践活动。

鼓励和支持公共文化服务与教育、科技等融合发展，实现资源共享，发挥公共文化服务的社会教育功能，提高公众思想道德修养和科学文化素质。

推动公共文化服务与旅游融合发展，促进公共文化设施和旅游服务设施功能融合，发挥重大品牌节庆活动和公共文化设施的旅游服务功能，提升公共文化服务的影响力。

第十二条　县级以上地方人民政府应当推动跨区域文化交流，创建区域公共文化品牌，促进公共文化服务协同发展。

积极推进成渝地区双城经济圈公共文化服务一体化发展。

第二章　设施规划建设与管理

第十三条　县级以上地方人民政府应当将公共文化设施建设纳入本级国土空间规划，根据国家基本公共文化服务指导标准、本省基本公共文化服务实施标准，结合经济社会发展水平、人口状况、环境条件、文化特色，合理确定公共文化设施的种类、数量、规模以及布局，形成场馆服务、流动服务和数字服务相结合的公共文化设施网络，并及时向社会公布本行政区域内的公共文化设施目录等信息。

县级以上地方人民政府及有关部门应当对公共文化设施的选址征求公众意见，选址应当符合公共文化设施的功能和特点，有利于发挥其作用。

第十四条　地方各级人民政府应当按照国家和本省有关规定，结合当地实际，规划建设下列公共文化设施：

（一）市（州）应当建设公共图书馆、文化馆、博物馆、美术馆、非物质文化遗产馆（中心）、体育场（馆）、科技馆、工人文化宫、青少年宫、妇女儿童活动中心、老年人活动中心、广播电视播出传输覆盖设施等公共文化设施。

（二）县（市、区）应当建设公共图书馆、文化馆、体育场（馆）、科普活动场所、工人文化宫、妇女儿童活动中心、老年人活动中心、公共阅报栏（屏）、广播电视播出传输覆盖设施等公共文化设施；有条件的，可以根据实际需要建设博物馆、美术馆、非物质文化遗产馆（展示场所）、青少年活动中心等公共文化设施。

（三）乡镇（街道）应当依托文化站、农家书屋、广播站等整合建设乡镇（街道）综合性文化服务中心，并配建室内外体育健身设施。

（四）村（社区）应当整合宣传文化、科技普及、普法教育、体育健身等公共文化资源，建设村（社区）综合性文化服务中心。

车站、机场、城市广场、商业楼宇、集贸市场、旅游集散中心等人员流动量较大的公共场所，开发区（园区）、农牧民聚居点等人员较为集中的区域，以及留守妇女儿童较为集中的农村地区，应当配备必要的设施，采取多种形式，提供便利可及的公共文化服务。

第十五条　新建、改建、扩建居民住宅区，应当按照国家和本省有关规定、标准，规划和建设配套的公共文化设施。

居民住宅区配套建设的公共文化设施，应当与居民住宅区的主体工程同时设计、同时施工、同时投入使用。

第十六条　地方各级人民政府可以采取新建、改建、扩建、合建、租赁、利用现有公共设施等多种方式，加强基层综合性文化服务中心建设，推动基层有关公共设施的统一管理、综合利用，并保障其正常运行。

第十七条　公共文化设施管理单位应当按照国家规定的标准，配置和更新必需的服务内容和设备，加强公共文化设施经常性维护管理工作，保障公共文化设施的正常使用和运转。

公共文化设施管理单位应当建立健全安全管理制度，开展公共文化设施及公众活动的安全评价，依法配备安全保护设备和人员，保障公共文化设施和公众活动安全。鼓励公共文化设施管理单位投保公众责任险。

公共文化设施管理单位应当建立突发事件应急处置机制，制定应急预案并定期开展演练；在突发事件发生时，依法采取限制使用或者停止服务等措施。

第十八条　公共文化设施管理单位应当建立健全管理制度和服务规范，建立公共文化设施资产统计报告制度和公共文化服务开展情况的年报制度。

公共文化设施管理单位应当在每年的第一季度，向社会公布上一年度的活动项目、服务效能、经费使用等公共文化服务开展情况，接受社会监督。

第十九条　推动公共图书馆、文化馆、博物馆、美术馆、科技馆等公共文化设施管理单位根据功能定位建立健全法人治理结构，吸收有关方面代表、专业人士和公众参与管理。

第二十条 任何单位和个人不得侵占公共文化设施建设用地或者擅自改变其用途。因特殊情况需要调整公共文化设施建设用地的,应当按法定程序重新确定建设用地。调整后的公共文化设施建设用地不得少于原有面积。

第二十一条 任何单位和个人不得擅自拆除公共文化设施,不得擅自改变其功能、用途或者妨碍正常运行,不得侵占、挪用公共文化设施,不得将其用于与公共文化服务无关的商业经营活动。

因城乡建设确需拆除公共文化设施或者改变其功能、用途的,有关地方人民政府在作出决定前,应当组织专家论证,并征得上一级人民政府相关主管部门同意,报上一级人民政府批准。涉及大型公共文化设施的,上一级人民政府在批准前,应当举行听证会,听取公众意见。

经批准拆除公共文化设施,或者改变其功能、用途的,应当依法依规重建、改建,并坚持先建设后拆除或者建设拆除同时进行的原则。建设拆除同时进行的,应当安排过渡的公共文化设施,确保公共文化服务不间断。重建、改建公共文化设施不得降低原有的配置标准、建筑面积等,并符合国家和本省规定的标准。

第二十二条 新建、改建和扩建公共文化设施,应当根据老年人、未成年人、残疾人的实际需要,同步建设符合国家和本省有关工程建设标准的无障碍设施、便利设施。

第二十三条 公众在使用公共文化设施时,应当遵守法律法规的规定,遵守公共秩序和公共文化设施管理单位的管理制度,爱护公共文化设施,不得损坏公共文化设施设备和物品。

第三章 公共文化服务提供

第二十四条 地方各级人民政府应当充分利用公共文化设施和特色文化资源,促进优秀公共文化产品的提供和传播,支持开展全民阅读、全民普法、全民健身、全民科普和艺术普及、优秀传统文化传承活动。

第二十五条 省人民政府根据国家基本公共文化服务指导标准,制定公布、适时调整基本公共文化服务实施标准并组织实施。

市（州）、县（市、区）人民政府根据国家基本公共文化服务指导标准和本省基本公共文化服务实施标准，结合当地实际需求、财政能力和文化特色，制定公布、适时调整本行政区域基本公共文化服务目录并组织实施。

第二十六条　公益性文化单位应当完善服务项目，规范服务流程，提高服务质量，向公众免费提供基本公共文化服务，并为公众开展文化活动提供支持和帮助。

第二十七条　公共文化设施应当按照国家和本省有关规定向公众免费或者优惠开放。

公共文化设施开放收取费用的，应当报经县级以上地方人民政府有关部门批准；收取的费用，应当用于公共文化设施的维护、管理和事业发展，不得挪作他用。

公共文化设施开放收取费用的，应当每月定期向中小学生免费开放，并按照有关规定对未成年人、老年人、现役军人、消防救援人员、残疾人等群体免费或者优惠开放。

机关、学校、科研机构和其他企业事业单位应当根据国家和本省有关规定，在确保正常工作、教学、生产秩序的前提下，确定并公布向社会开放的文化体育设施、场所和时间。县（市、区）人民政府文化主管部门应当定期公布机关、学校、科研机构和其他企业事业单位文化体育设施向社会开放的情况。

第二十八条　公共文化设施管理单位应当建立服务公示制度，向社会公开服务项目、服务内容、服务标准、开放时间等服务信息；临时停止开放的，应当及时公告。

公共文化设施开放时间应当与公众工作、学习时间适当错开，法定节假日、休息日和学生寒暑假期间应当适当延长开放时间。

公共文化设施管理单位应当根据公共文化设施规模和服务能力，采取预约、错峰、分流等措施，提升管理水平和服务效能。

文化等主管部门应当汇集公共文化设施和机构的服务信息，纳入本省"一网通办"等政务服务平台，为公众提供服务。

第二十九条　乡镇（街道）、村（社区）综合性文化服务中心应当充分发挥统筹服务功能，为公众提供阅读服务、影视观赏、戏曲表演、普法教育、艺术普及、科学普及、广播播送、互联网上网和群众性文化体育活动等公共文化服务，并根据其功能特点，因地制宜提供其他相关公共服务。

第三十条　省人民政府按照国家标准，统筹规划、整合资源，建设全省公共数字文化服务平台，依托全省政务信息资源共享交换体系，实现全省公共数字文化资源共建共享。

市（州）、县（市、区）人民政府应当加强基层公共文化设施的数字化和网络建设，加大公共数字文化资源开发利用力度。

公共文化设施管理单位应当丰富公共数字文化资源供给，利用现代信息技术手段推进数字文化服务，提高数字化和网络服务能力。

第三十一条　地方各级人民政府及有关部门应当通过流动文化车、流动图书车、应急广播车、流动博物馆、流动演出队、电影放映队等形式开展流动文化服务。

第三十二条　县级人民政府及有关部门应当建立以县级公共图书馆、文化馆为总馆，乡镇（街道）综合性文化服务中心为分馆、村（社区）综合性文化服务中心等为服务点的总分馆制度，提高总馆的供给配送能力和分馆的综合服务能力，促进优质文化资源向基层延伸。

鼓励县级总馆在文化街区、旅游景区等人口密集地建设分馆和服务点。

鼓励和支持机关、学校、科研机构和其他企业事业单位参与分馆建设。

第三十三条　地方各级人民政府应当挖掘和利用本地红色资源优势，将红色文化纳入公共文化服务体系，鼓励、支持红色文化研究阐释、展览展示、宣传出版、文艺创作、主题教育等活动，完善红色文化传承、创新、传播、开发体系，发挥红色文化铸魂育人的社会功能。

鼓励博物馆、图书馆、档案馆、纪念馆、方志馆、美术馆等研究整理和开发利用红色文化资源，开展专题展览、公益讲座、媒体宣传、阅读推广、艺术普及等活动。

第三十四条　地方各级人民政府应当因地制宜，加强世界文化遗产、文物、古籍、考古遗址公园、非物质文化遗产等保护利用，推动古蜀文明、巴蜀文化、藏羌彝文化等研究、阐释、展示与宣传。

第三十五条　地方各级人民政府应当将传统节庆活动作为公共文化服务的重要内容。

文化等主管部门应当挖掘传统文化价值、民族文化特色，依托春节、端午、中秋等重要传统节日以及少数民族传统节日，组织开展群众性节庆活动。

第三十六条　地方各级人民政府应当完善乡村公共文化设施网络和服务运行机制，鼓励开展形式多样的农民群众性文化体育、节日民俗等活动，充分利用广播电视、视听网络和书籍报刊，拓展乡村文化服务渠道，提供便利可及的公共文化服务。

地方各级人民政府应当采取措施保护农业文化遗产和非物质文化遗产，挖掘优秀农业文化深厚内涵，传承和发展乡村优秀传统文化。

第三十七条　地方各级人民政府应当结合本地特点，推进民间文化艺术之乡建设，支持具有地域、民族、革命文化特色的公共文化产品创作生产和群众性文化体育活动开展，打造有影响力的公共文化品牌。

第三十八条　鼓励公民主动参与公共文化服务，自主开展健康文明的群众性文化体育活动，地方各级人民政府及有关部门应当给予必要的指导、支持和帮助。

国家机关、人民团体、社会组织、企业事业单位应当结合自身特点和需要，组织开展群众性文化体育活动，丰富职工文化生活。

群众性文化体育活动组织者应当自觉遵守法律法规，制定活动安全预案，确保活动安全有序。

第三十九条　地方各级人民政府应当建立健全公众文化需求征询反馈制度。

公共文化设施管理单位应当定期组织开展公众文化需求征询，并将征询反馈情况作为公共文化服务内容提供的依据，提高公共文化服务针对性、精准度。

第四十条　地方各级人民政府应当加强面向在校学生的公共文化服

务，支持学校开展适合在校学生特点的文化体育活动。

鼓励学校结合课程设置和教学计划，利用公共文化设施，开展德育、智育、体育、美育等教育教学活动。

公共文化设施管理单位应当充分发挥社会教育功能，对学校开展各类教育教学活动提供支持和帮助。学校寒暑假期间，应当增设适合未成年人特点的文化活动。

第四十一条　地方各级人民政府应当依托老年人活动中心、基层综合性文化服务中心等公共文化设施，开展适合老年人的群众性文化、体育、娱乐活动，提供适宜老年人的公共文化服务。

公共图书馆等公共文化设施管理单位应当考虑老年人群体的特点，积极创造条件，提供适合其需要的文献信息和服务。

鼓励广播、电视、报刊、网络等新闻媒体开设面向老年人的专栏，丰富老年人精神文化生活。

第四十二条　地方各级人民政府组织和扶持不同类别残疾人开展或者参加群众性文化体育活动，举办特殊艺术演出和残疾人体育运动会。

公共图书馆、基层综合性文化服务中心等公共文化设施管理单位应当积极创造条件，提供适合残疾人需要的文献信息和服务。

鼓励在电视节目、影视作品中加配手语或者字幕，开办残疾人专题广播栏目；鼓励有条件的电影院、剧院开设无障碍电影专场，举办无障碍电影日活动。

第四十三条　支持公共文化设施管理单位挖掘整理利用古蜀文明、巴蜀文化、红色文化、民族文化等资源，开发文化创意产品。

公共文化设施管理单位开发文化创意产品取得的收益，应当按照有关规定使用管理。

公共文化设施管理单位的文化创意产品开发活动，不得妨碍其提供公共文化服务。

第四十四条　任何组织和个人不得利用公共文化设施、文化产品、文化活动以及其他相关服务，从事危害国家安全、破坏民族团结、损害社会公共利益和其他违反法律法规的活动。

第四章 社会参与

第四十五条 县级以上地方人民政府及有关部门可以采取政府购买、项目补贴、定向资助、贷款贴息等方式，鼓励和支持公民、法人和其他组织兴办博物馆、美术馆、图书馆、体育场（馆）等文化设施，提供免费或者优惠的公益性文化服务。

省人民政府文化及其他有关部门在国家规定范围内编制省级政府购买公共文化服务指导性目录，市（州）、县（市、区）人民政府文化及其他有关部门应当根据省级目录，结合实际情况，确定购买的具体项目和内容，并按规定及时向社会公布。

第四十六条 地方各级人民政府及有关部门可以通过购买服务等方式，吸纳专业艺术工作者、专业运动员、社会体育指导员等，常态化开展对未成年人、老年人等群体的专业文化体育培训、指导等服务。

鼓励符合条件的社会文化体育组织为学校文化体育活动提供指导，普及艺术、体育运动技能等。有条件的地区，可以通过政府向社会力量购买服务等方式，为中小学校提供公益性文化体育服务。

第四十七条 地方各级人民政府应当鼓励和支持文化志愿服务，建立健全文化志愿服务网络体系。

文化主管部门及其他有关部门应当加强对文化志愿服务的指导，培育和发展文化志愿服务组织，建立志愿者招募、管理评价、教育培训和激励保障等机制，规范和促进文化志愿服务活动，保障文化志愿服务组织和志愿者的合法权益。

公共文化设施管理单位应当建立公共文化服务志愿者队伍，组织开展公共文化志愿服务活动，通过服务记录、质量评价、激励回馈等方式，提高公共文化志愿服务质量。

第四十八条 地方各级人民政府应当将社区公共文化设施提升改造纳入城市改造范畴，整合各类资源，引导社会力量参与公共文化设施运营、活动项目组织、服务资源配送等，打造具有鲜明特色和人文品质的新型公共文化空间。

第四十九条　地方各级人民政府及有关部门应当完善全民阅读设施和服务体系，加强阅读指导和优秀读物推荐，组织开展全民阅读活动，提升公众阅读兴趣和阅读能力，推动书香社会建设。

鼓励公民、法人和其他组织开展形式多样的阅读活动。鼓励相关组织和个人为企业、学校、乡村、社区等提供公益性阅读推广服务。

机关、企业事业单位应当结合自身特点开展阅读活动。

第五十条　地方各级人民政府及有关部门应当推进社会主义法治文化建设，支持法治文化产品创作和推广，开展多种形式的普法宣传、以案释法等群众性法治文化活动，促进法治文化进机关、进农村、进社区、进企业、进学校、进军营、进网络等，推动全民尊法学法守法用法。

第五十一条　鼓励和支持文艺工作者、文艺表演团体、演出场所经营单位、艺术院校等开展面向大众的文艺展演、艺术培训、文艺创作等全民艺术普及活动。

文化馆、美术馆等可以采取多种形式，联合艺术院校、文艺行业组织、社会艺术培训机构等开展全民艺术普及活动。

第五十二条　鼓励社区文化体育组织、基层群众性健身团队等组织居（村）民开展群众性文化体育活动，并遵守相关规定和公序良俗，不得影响他人的正常工作和生活。

活动开展地所在县（市、区）人民政府有关主管部门、乡镇人民政府、街道办事处以及公共场所管理单位，应当加强组织协调，督促活动组织者落实安全保障、噪声污染防治等措施。

第五十三条　鼓励和支持公民、法人和其他组织参与公共文化设施的建设、运营和管理。

鼓励和支持公民、法人和其他组织通过兴办实体、资助项目、赞助活动、提供设施、捐赠产品等方式，参与提供公共文化服务。

鼓励和引导新的文艺组织和文艺群体参与提供公共文化服务。

鼓励经营性文化单位提供免费或者优惠的公共文化产品和文化活动。

第五章　保障措施

第五十四条　地方各级人民政府应当根据公共文化服务的事权和支出责任，将公共文化服务经费纳入本级预算，保障公共文化服务体系建设、运行、维护和活动开展。公共文化服务经费支出应当与当地经济社会发展水平相适应。

省人民政府应当通过转移支付等方式，重点扶助革命老区、民族地区、边远地区、欠发达地区开展公共文化服务，鼓励和支持经济发达地区对革命老区、民族地区、边远地区、欠发达地区提供援助。

第五十五条　县（市、区）人民政府应当按照国家和本省有关规定，根据乡镇（街道）综合性文化服务中心承担的职能、任务及服务人口规模，采取县招乡用、派出制等形式，为其配备专业工作人员。

县（市、区）、乡镇人民政府可以通过购买服务等方式，利用民间文化团队、文化人才等资源，提高基层综合性文化服务中心的服务能力。

鼓励文化专业人员、高校毕业生和志愿者等到基层从事公共文化服务工作。

第五十六条　县级以上地方人民政府及有关部门应当建立培训上岗制度，完善公共文化服务人才引进、培养和激励机制，通过专业培训、委托培养、挂职交流、招聘选拔、定期服务、项目合作等方式，加强公共文化服务人才队伍建设。

支持民营文化企业、民间文化团体的人才队伍建设，对其在学习培训、职称评定、项目申报、表彰奖励等方面与国有文化单位同等对待。

第五十七条　鼓励和支持公民、法人和其他组织依法成立公共文化领域的社会组织，推动公共文化服务社会化、专业化发展。

县级以上地方人民政府及有关部门应当加强对公共文化领域社会组织的引导、扶持和管理，促进其规范有序发展。

第五十八条　公民、法人和其他组织通过公益性社会组织或者县级以上地方人民政府及有关部门，捐赠财产用于公共文化服务的，依法享受税收优惠。

捐赠人单独捐赠或者主要由捐赠人出资建设的公共文化设施，可以由捐赠人提出公共文化设施名称，按程序报县级以上地方人民政府批准。

第五十九条　县级以上地方人民政府应当建立健全公共文化服务资金管理、使用的监督和统计公告制度，加强资金绩效管理，提升资金使用效益。

任何单位和个人不得侵占、挪用公共文化服务资金。

审计机关应当依法加强对公共文化服务资金管理、使用情况的审计监督。

第六十条　地方各级人民政府应当加强对公共文化服务工作的监督检查，建立有公众参与的公共文化设施使用效能和公共文化服务工作考核评价制度，考核评价结果应当向社会公开，并作为确定补贴或者奖励的依据。

加强购买公共文化服务的监督管理，健全由购买主体、公共文化服务对象以及第三方共同参与的评价约束机制，揭升购买服务质量。

第六章　法律责任

第六十一条　违反本条例规定的行为，法律、行政法规已有法律责任规定的，从其规定。

第六十二条　地方各级人民政府及有关部门违反本条例规定的，由其上级机关责令限期改正；造成不良后果或者影响的，对直接负责的主管人员和其他直接责任人员，由任免机关、单位或者监察机关依法给予处理。

第六十三条　违反本条例第十五条规定，新建、改建、扩建居民住宅区，未按照规定建设配套公共文化设施的，由有关主管部门依据各自职责依法处理。

第六十四条　公共文化设施管理单位违反本条例第十七条、第十八条规定的，由其主管部门责令限期改正；造成严重后果的，对直接负责的主管人员和其他直接责任人员，依法给予处理。

第六十五条　对破坏公共文化设施或者扰乱公共文化设施管理秩序的行为，公共文化设施管理单位有权予以劝阻、制止；劝阻、制止无效的，可以拒绝提供服务。

破坏公共文化设施或者扰乱公共文化设施管理秩序，造成损失的，依法承担赔偿责任；构成违反治安管理行为的，由公安机关依法给予治安管理处罚；构成犯罪的，依法追究刑事责任。

第七章 附 则

第六十六条 本条例所称公共文化服务，是指由政府主导、社会力量参与，以满足公民基本文化需求为主要目的而提供的公共文化设施、文化体育产品、文化体育活动以及其他相关服务。

本条例所称公共文化设施，是指提供公共文化服务的建筑物、场地和设备，主要包括图书馆、博物馆、文化馆（站）、美术馆、非物质文化遗产馆（中心、展示场所）、科技馆、纪念馆、体育场（馆）、工人文化宫、青少年宫、妇女儿童活动中心、老年人活动中心、乡镇（街道）和村（社区）基层综合性文化服务中心、农家（职工）书屋、公共阅报栏（屏）、广播电视播出传输覆盖设施、公共数字文化服务点等。

第六十七条 本条例自2021年12月1日起施行。

参考文献

[1] 北京大学哲学系外国哲学史教研室. 古希腊罗马哲学 [M]. 北京：商务印书馆，1961.

[2] 本雅明. 机械复制时代的艺术作品 [M]. 王才勇，译. 北京：中国城市出版社，2002.

[3] 黑格尔. 小逻辑 [M]. 贺麟，译. 北京：商务印书馆，2004.

[4] 路德维希·费尔巴哈. 费尔巴哈哲学著作选集 [M]. 荣震华，李金山，等译. 北京：商务印书馆，1984.

[5] 亚里士多德. 物理学 [M]. 张竹明，译. 北京：商务印书馆，1982.

[6] 牛顿. 自然哲学之数学原理 [M]. 赵振江，译. 北京：商务印书馆，2006.

[7] 黑格尔. 美学 [M]. 朱光潜，译. 北京：商务印书馆，1997.

[8] 亚瑟·丹托. 在艺术终结之后：当代艺术与历史藩篱 [M]. 林雅琪，郑惠雯，译. 台北：麦田出版社，2004.

[9] 詹姆斯·埃尔金斯. 视觉品味——如何用你的眼睛 [M]. 丁宁，译. 北京：生活·读书·新知三联书店，2006.

[10] 朱良志. 中国美学十五讲 [M]. 北京：北京大学出版社，2022.

[11] 叶朗. 美学原理 [M]. 北京：北京大学出版社，2021.

[12] 朱光潜. 西方美学史 [M]. 北京：人民文学出版社，1964.

[13] 理查德·佛罗里达. 创意阶层的崛起 [M]. 司徒爱勤，译. 北京：中信出版社，2010.

[14] 包亚明. 后现代性与地理学的政治 [M]. 上海：上海教育出版社，2001.

[15] 福柯. 何为启蒙 [M] //杜小真. 福柯集. 顾嘉琛，译. 上海：上

海远东出版社,1998.

[16] 让-弗朗索瓦·利奥塔. 后现代状况——关于知识的报告[M]. 长沙：湖南美术出版社,1996.

[17]《美学原理》编写组. 美学原理[M]. 北京：高等教育出版社,2018.

[18] 朱立元. 当代西方文艺理论[M]. 上海：华东师范大学出版社,2005.

[19] 崔烁. 城市公共文化空间精细化治理：转向、维度与路径[J]. 湖北社会科学,2022(10)：31-39.

[20] 张南. 中国古代空间观与传统艺术的空间构型[J]. 江西社会科学,2022,42(03)：198-205.

[21] 杨廷久. 理性的沉思——笛卡尔《形而上学的沉思》探究[J]. 北京师范大学学报（社会科学版）,1998(2)：105-111.

[22] 高秉江. 从现象学看"存在就是被感知"[J]. 湖北大学学报（哲学社会科学版）,2010,37(2)：63-66.

[23] 单斌. 空间是直观形式吗？——胡塞尔与康德的空间观比较初探[J]. 中国现象学与哲学评论,2013(0)：372-385.

[24] 林叶. 城市人类学再思：列斐伏尔空间理论的三元关系、空间视角与当下都市实践[J]. 江苏社会科学,2018(3)：124-135.

[25] 庄友刚,解笑. 空间生产的市场化与当代城市发展批判[J]. 社会科学,2017(8)：112-119.

[26] 季铁,骆园. 基于奥伯豪森煤气罐系列展览的沉浸式公共文化体验设计研究[J]. 包装工程,2021,42(18)：300-307.

[27] 张满银,范城恺. 哈维的空间理论辨析及对中国空间发展的启示[J]. 区域经济评论,2020(3)：139-145.

[28] 黄俊,邓震卿,张爱君. "图书馆+社区"共建公共阅读空间的对策研究——以江西公共图书馆为例[J]. 河南图书馆学刊,2021,41(3)：129-133.

[29] 郭燕来. 精神生产者的意识形态功能[J]. 经济研究导刊,2013(10)：257-258.

[30] 冯汉骥，杨有润，王家祐. 四川古代的船棺葬[J]. 考古学报，1958（2）：77－99＋145－152.

[31] 李龙. 中国皮影博物馆藏部分成都皮影考论[J]. 荣宝斋，2013（11）：48－67.

[32] 王海荣. 空间理论视阈下当代中国城市治理研究[D]. 长春：吉林大学，2019.

[33] 郜清攀. 乡村振兴战略背景下乡镇政府公共服务能力研究[D]. 长春：东北师范大学，2019.

后 记

  本书是对新型公共文化空间培育与建设相关内容的浅薄见解，是笔者深入研究我国新型公共文化空间的前期准备工作之一。本书属于西南石油大学人文社科专项基金资助项目"成都市新型公共文化空间培育与建设研究"（2022－2023RW019）成果。在这本书的写作过程中，笔者充分感受到了学院团体对我的关心与爱护，能与这些师友互相砥砺、切磋学问，实属人生之幸。感谢以下同仁对本书写作的帮助：张一骢老师、徐萌老师提供了第一章的前期资料，岳堂老师、李晨老师提供了第二章的前期资料，曾小老师、王诗秒老师提供了第三章的前期资料，但午剑老师提供了第四章的前期资料。让我们在漫长的岁月中体味生活——但行好事，莫问前程。

西南石油大学艺术学院　唐晓睿
2023 年 6 月